서울대 MBA에서
가르치는 경영이야기

전략경영 마스터하기

서울대 MBA에서 가르치는 경영 이야기

전략경영 마스터하기

핵심만 파헤친 전략경영 솔루션

초판 1쇄 발행 2025년 3월 20일
초판 2쇄 발행 2025년 11월 14일

지은이 송재용

펴낸곳 서울대학교출판문화원
주소 08826 서울 관악구 관악로 1
도서주문 02-889-4424, 02-880-7995
홈페이지 www.snupress.com
페이스북 @snupress1947
인스타그램 @snupress
이메일 snubook@snu.ac.kr
출판등록 제15-3호

ISBN 978-89-521-3935-1 04320
978-89-521-3933-7 (세트)

서울대 MBA에서
가르치는
경영이야기

전략경영 마스터하기

핵심만 파헤친 전략경영 솔루션

송재용 지음

서울대학교출판문화원

발간사

경영학은 기업에서 일하는 사람에게만 필요하다는 오해가 있습니다. 하지만 현대 사회에서 경영학은 모든 사람이 알아야 할 상식입니다. 경영학을 공부하면 자영업을 비롯한 사업에 도움이 되는 것은 물론, 자신이 속한 조직에서 일을 더 잘할 수 있는 자양분이 됩니다. 외부 환경의 기회와 위협, 자신의 강점과 약점을 분석해서 전략을 수립하고 그것을 효율적으로 실행할 수 있는 방법은 무엇인지 더 잘 판단할 수 있기 때문입니다.

경영학은 재산을 관리하는 데도 활용됩니다. 퇴직연금은 어떻게 관리해야 하는지, 월세와 전세 중에서 어떤 것이 더 좋은지, 빚을 내서 집을 사야 할지에 대한 판단을 내릴 때 도움을 줍니다. 주식 투자를 할 때도 물론입니다. 재무제표를 해석하고, 어떤 기업이 성장해 더 큰 수익을 낼 수 있는지를 분석하는 데 도움을 주기 때문입니다.

경영학은 우리가 의미 있는 삶을 사는 데도 도움이 됩니다. 우리가 이루고자 하는 사명을 추구하면서 동시에 건강을 챙기고 화목한 가정을 이루기 위해 우리가 가진 시간과 관심을 어디에 얼마만큼 투자할 것인지를 결정하는 데 도움을 줄 수 있습니다.

그런데 일반인이 경영학을 공부하기가 쉽지는 않습니다. 대학 교재로 나온 두꺼운 책들은 경영학 전공 학생들을 독자로 상정하고 만든 것이기 때문입니다. 이번 시리즈는 일반인이 경영학의 핵심 내용을 쉽게 파악할 수 있도록 하기 위해 기획했습니다. 고등학교를 졸업한 사람이라면 스스로 읽어 쉽게 이해할 수 있고, 짧은 시간에 핵심을 파악할 수 있도록 핵심 위주의 적은 분량으로 책을 만들었습니다.

이 시리즈를 출간하는 과정에서 많은 분들이 도움을 주셨습니다. 특히 교육과 연구로 매우 바쁘신 중에도 시리즈의 기획 취지에 공감하여 작업에 동참해 주신 여덟 분의 교수님께 진심으로 감사드립니다.

서울대학교출판문화원 대표이사 원장
이경묵

머리말

2020년대 초반 코로나19 팬데믹이 전 세계를 강타한 이후 전개되고 있는 포스트 팬데믹 시대에 한국 기업을 둘러싼 국내외 경제 환경에는 거대한 패러다임 변화가 나타나고 있다. 팬데믹 위기로 인해 초저금리로 천문학적 돈을 푼 결과 세계 경제의 총부채가 급증했고, 그런 상황에서 인플레이션을 잡기 위해 금리를 빠르게 올리는 바람에 세계 경제의 중장기 저성장 기조의 고착화가 우려되고 있다. 부채가 급증한 상황에서 금리가 빠르게 오르면 부채를 줄이는 디레버리징deleveraging이 불가피하여 개인 소비와 기업 투자, 정부 지출이 줄거나, 증세가 이루어져 세계 경제의 중장기 저성장은 피하기 어렵다. 특히 세계 경제 성장의 견인차 역할을 해왔던 중국 역시 인구 감소, 부동산 침체, 미·중 패권전쟁 등 내우외환으로 성장률이 급감하는 '피크 차이나'에 직면하고 있다. 한국 경제 역시 저출생·고령화의 심화로 인한 내수 소비 위축과 숨막히는 기업 규제를 피하기 위한 기업들의 해외 탈출로 저성장 기조가 지속될 전망이다.

이러한 가운데 제조업 분야에서는 중국발 경쟁 위협이 심각해지고 있다. 기술과 브랜드가 앞선 구미, 일본의 기업들에 비해 원가경쟁력을 갖추고 가성비 높은 제품을 쏟아 내고 있는 중국 기업들 사이에서 많은 한국 기업이 경쟁력 위기에 직면하고 있다. 보다 구조적인 패러다임 변화도 진행되고 있는데, 대표적으로는 디지털 대전환과 AI 혁명이 세상을 바꾸고 있다. 또한 가속화되는 지정학적 리스크와 글로벌 가치사슬의 대전환도 대외의존도가 높은 한국이 주목해야 할 구조적 패러다임의 변화다. 세계 경제 성장과 물가 안정의 견인차 역할을 했던 중국 중심의 원가절감형 오프쇼어링offshoring은 이제 한계에 봉착하여 줄어들고 있다. 반면 트럼프 대통령 2기에 일어나고 있는 대규모 관세 부과와 지정학적·정치적 고려의 필요성 증대, 스마트 팩토리 기술의 발전 등으로 인해 미국 등 선진국에 공장을 짓는 시장 접근형 오프쇼어링과 해외 공장이 유턴하는 리쇼어링reshoring은 급증하고 있다.

이처럼 국내외 경제의 저성장 기조 고착화와 중국발 경쟁의 격화, AI 혁명, 지정학적 리스크 고조와 트럼프 대통령 집권 2기에 강화되고 있는 자국중심주의/보호무역주의 강화로 인한 글로벌 공급망 대전환 등 구조적 패러다임의 변화가 동시다발적으로 나타나는 현

상황에서 한국 기업은 중요한 전략적 변곡점에 서 있다. 1960년대 세계에서 가장 가난한 나라 중 하나였던 한국은 21세기에 세계 10대 경제 강국으로 성장하면서 '한강의 기적'이라고 불리는 고도성장을 이루어 내었다. 그 배경에는 한국의 산업과 기업이 채택한 '빠른 추격자fast follower' 전략이 자리하고 있다. '빠른 추격자' 전략을 채택한 한국 기업들은 기술을 사 오거나 모방한 후 낮은 인건비, 규모의 경제 등을 기반으로 원가를 낮추고, '점진적 혁신'을 통해 기존 제품의 품질을 개선하거나 차별화된 기능을 추가함으로써 경쟁력을 확보해 왔다. 하지만 중국발 초경쟁에 직면하여 한국 기업의 '빠른 추격자' 전략은 한계에 부닥치고 주력 산업의 글로벌 경쟁력도 하락하고 있다. 원가경쟁력에서 중국에 추월당하고 제품은 범용 제품commodity화되어 차별화가 쉽지 않아 지속 가능한 경쟁우위 확보에 큰 어려움을 겪고 있다.

또한 2010년대에 발생한 애플의 삼성전자 제소, 도시바의 SK하이닉스 제소, 듀퐁의 코오롱 제소에서 보듯이, 선진 기업에 의한 지적재산권 및 기술의 전략적 무기화와 한국 기업에 대한 견제 움직임이 심화되어서 첨단 기술을 사 오거나 모방하기가 점점 더 힘들어지고 있다. 더욱이 21세기에 중요해지고 있는 인터넷과 IT 기술 중심의 플랫폼 비즈니스에서는 시장을 선도하는 기업이 네트워크 효과 등을 기반으로 승자독식을 향유하는 현상이 나타나고 있다. 이러한 플랫폼 비즈니스에서는 후발 진입 자체가 어렵기에 '빠른 추격자'라는 전략 자체가 성립하지 않게 된다.

이처럼 21세기, 특히 포스트 팬데믹 패러다임 대전환 시대에 본격화되고 있는 AI 기반 4차 산업혁명 시대에는 게임의 룰 내지 경쟁의 규칙 자체가 변화하고 있고, 중국의 급속한 추격으로 인해 기존 산업에서 글로벌 공급과잉과 초경쟁 현상도 거세지고 있다. 따라서 한국 기업들은 모방과 점진적 개선 위주의 '빠른 추격자' 전략을 원점에서 재검토하면서 전략 패러다임을 근본적으로 변화시켜야 하는 중요한 전략적 변곡점에 직면하게 되었다. 더욱이 2023년 들어 세계은행과 IMF가 공히 경고했듯이, 2020년대에는 국내외 경제의 저성장이 불가피한 상황에서 저출생·고령화와 가계 부채 문제로 한국 경제가 일본형 장기 불황에 돌입할 가능성이 높아지고 있기에 고도성장기의 전략 패러다임에서 저성장기에 적합한 전략 패러다임으로 전환해야 할 필요성이 높아지고 있다. 또한 기업의 탐욕에서 촉발된 글로벌 금융위기와 소득 구조의 양극화 심화, 코로나19 팬데믹 위기, 지구 온난화와 환경 파괴 등으로 인해 기업의 지속가능경영과 지배구조 개선에 대한 사회적 요구가 국내외적으로 거세졌다. 이로써 환경, 기업의 사회적 책임, 지배구조에 초점을 맞춘 ESG 경영이 화두로 대두한 점도 한국 기업이 전략 패러다임을 근본적으로 변화시켜야 할 필요성을 더욱 높이고 있다.

이 책은 국내외 경제의 구조적 저성장, 글로벌 초경쟁과 공급망의 대전환, AI 기반 4차 산업혁명 등으로 대변되는 포스트 팬데믹 대전환 시대에 대응하려면 지금이 한국 기업들이 전략을 근본적으로 재검토해야 하는 시점임에 주목한다. 그러면서 이 패러다임 대전환 시대에 고려해야 할 전략의 기본 원칙과 프레임워크를 쉽게 이해할 수 있도록 기술하는 데 초점을 맞추었다. 따라서 기업에 근무하는 임직원들은 물론 경영학을 공부하는 학부생들이나 MBA 학생들이 이 책의 주요 독자가 될 것이다. 하지만 전략의 기본 원칙은 기업만이 아니라 정부나 비영리 조직의 경영에도 유용하고 일반인이 커리어를 설계하는 데도 활용될 수 있기에, 경영학 전공자가 아니더라도 쉽게 이해할 수 있도록 간결하고 평이하게 기술했다.

필자는 2011년에 『스마트 경영: 앞으로 10년, 한국 기업의 초일류 전략』이라는 책을 저술했다. 이제는 절판된 『스마트 경영』에서는 2010년대에 전개될 패러다임 변화를 기술하면서 한국 기업이 초일류 기업으로 진화하기 위한 전략 방향을 구체적으로 제시했는데, 학부나 MBA 등에서 부교재로 사용되기도 했다. 『스마트 경영』은 SERI CEO에서 'CEO가 읽어야 할 책'으로 추천되기도 하면서 4만 부 이상 판매됐다. 이 책의 내용 중 일부분은 『스마트 경영』의 내용을 업데이트하고 새로 고쳐 썼다는 점을 밝혀 둔다. 이후 한국을 대표하는 기업인 삼성전자의 글로벌 경쟁력의 원천을 심층 분석한 『삼성 웨이』를 출간했다. 『삼성 웨이』는 매일경제 정진기언론문화상 경제경영도서 부문 대상을 수상하고, 영어, 중국어, 베트남어 등 다양한 언어로 번역 출판되었다.

2023년에는 포스트 팬데믹 패러다임 대전환기의 특징과 이러한 시대에 요구되는 한국 기업의 전략 패러다임 전환을 위한 7대 제언을 담은 『패러다임 대전환: 한국 기업 전략 패러다임을 완전히 바꿔라』를 출간했다. 『패러다임 대전환』은 필자가 대표 저자 겸 에디터로서 한국을 대표하는 전략 교수님들과 함께 공동 연구를 통해 집필한 책으로 2017년에 출간한 『퍼펙트 체인지』의 개정 증보판이다. 『퍼펙트 체인지』와 『패러다임 대전환』은 지금까지 1만 부가 훌쩍 넘게 판매됨으로써 독자들로부터 큰 호응을 받고 있다.

이 책은 패러다임 대전환기의 전략 방향에 초점을 맞추어 기술되었지만 한국 기업의 전략 패러다임 전환을 위한 구체적인 전략 방향 제시에 초점을 맞춘 『패러다임 대전환』과는 달리 학부나 MBA 수업의 교재로도 활용될 수 있도록 전략 교과서의 구성을 따랐다. 하지만 각 장의 절도 독립적으로 구성되어 있기에 독자가 순서대로 읽지 않고 관심 있는 내용만 선별하여 읽어도 큰 문제가 없다. 또한 교과서와 달리 장이나 절의 제목과 내용을 쉽게 이해하고 실제로 적용하기 쉽도록 학문적 기반이나 문헌에 대한 언급은 가능한 한 줄였고, 책의 분량도 일반 교과서에 비해 절반 이하로 줄였다.

1장 '전략이란 무엇인가'에서는 전략의 기본 개념 및 프레임워크를 먼저 살펴본 후 전략 수립 시 가장 먼저 해야 할 전략적 비전 수립의 원칙과 프로세스에 대해 논의했다.

2장 '사업전략을 잘 수립하려면'에서는 SWOT 분석, PEST 분석, 5세력 분석, 산업수명주기 분석, 핵심역량 분석, 경쟁자 분석 등 기업의 외부 환경과 내부 역량을 분석하여 사업전략을 수립하기 위한 전통적인 전략 기법들을 먼저 살펴보았다. 하지만 패러다임 대전환기에는 전통적인 전략 분석 기법들이 한계를 보이는 경우들이 있다. 특히 플랫폼 비즈니스의 경우 네트워크 효과가 작동하면서 승자독식으로 가는 경향을 보이기에 플랫폼 비즈니스에서의 게임의 룰 내지 경쟁전략에 대해 상세히 기술했다. 또한 포스트 팬데믹 패러다임 대전환기는 필연적으로 높은 수준의 불확실성으로 이어지고, 이러한 불확실한 상황에서는 전통적인 전략 기법들이 한계를 보이는 경우가 많다. 따라서 이 책에서는 시나리오 플래닝, 리얼 옵션 기법 등 불확실성에 대응하기 위한 대안적인 전략 기법들을 제시했다.

3장 '기업전략을 잘 수립하려면'에서는 포스트 팬데믹 패러다임 대전환기에 가장 중요한 전략적 의사결정이라고 할 수 있는 사업이나 상품의 포트폴리오를 어떻게 조정해야 하는지에 대한 원칙과 기법을 제시했다. 이러한 사업 포트폴리오 조정 과정에서 중요한 문제인 신규 사업의 성공 확률을 어떻게 높여야 하는지, 인수합병M&A의 성공 확률을 어떻게 높여야 하는지도 구체적으로 기술했다. 마지막으로 복수의 자회사 내지 사업부를 가진 복합형 기업이 여러 사업을 연계하여 시너지를 어떻게 창출해야 할지에 대해서도 논의했다.

한국 기업들은 포스트 팬데믹 패러다임 대전환 시대에 전개되고 있는 국내외 경제의 중장기 저성장 기조의 고착화, 지정학적 리스크의 고조와 글로벌 공급망의 대전환, 디지털 대전환과 AI 기반 4차 산업혁명의 본격화와 같은 외부 환경상의 메가 트렌드에서 나오는 기회는 잘 살리고 위협은 잘 극복하면서 시장을 선도하는 글로벌 초일류 기업으로 도약해야 한다. 그래야 한국이 선진국 지위를 보다 공고히 할 수 있다. 한국 기업들이 글로벌 초일류로 진화, 발전해 가는 힘들고도 중요한 여정에서 이 책이 설명하는 패러다임 대전환기의 경영전략의 기본 원칙과 프레임워크들이 조금이나마 도움이 되기를 기대한다. 이 책에서 간략히만 기술하고 있는 포스트 팬데믹 패러다임 대전환기의 특징과 한국 기업의 전략 패러다임을 위한 구체적인 방향성과 관련된 제언에 보다 관심이 있는 독자들에게는 필자가 대표저자 및 에디터로서 집필한 『패러다임 대전환』을 함께 읽을 것을 추천한다.

2025년 11월 8일

단풍이 절정을 이룬 관악캠퍼스에서

송재용

차례

1 전략이란 무엇인가

What is Strategy?

1

패러다임 대전환 시대, 전략의 개념과 중요성

삼성전자는 디지털 혁명과 스마트폰 혁명을 거치면서 어떻게 세계적인 기업이 되었으며, 이 와중에 기존의 최강자였던 소니와 노키아는 왜 몰락했는가? 엔비디아는 어떻게 AI 혁명을 선도했으며, 반도체 산업의 최강자였던 인텔은 왜 몰락했는가? 쇠락해 가는 공룡으로 보였던 마이크로소프트는 어떻게 극적으로 부활하여 시가총액 세계 1, 2등을 다투는 기업이 되었는가? 케이팝은 어떻게 세계적인 성공을 거두게 되었는가?

이러한 기업의 흥망성쇠를 설명하는 데 가장 중요한 키워드는 전략적 의사결정이다. 특히 AI 혁명, 디지털 혁명, 스마트폰 혁명 등과 같이 외부 환경의 패러다임이 크게 변화하는 시기의 전략적 의사결정은 기업의 운명에 큰 영향을 미칠 수 있다. 삼성전자의 경우

21세기 전자산업의 기술적 패러다임이 아날로그에서 디지털로 대전환이 일어날 것이라고 예측했다. 그래서 아날로그 기술 시대에 전자산업을 장악하던 소니, 파나소닉 같은 일본 전자업체보다 먼저 선제적, 공격적으로 디지털 기술 개발과 디지털 TV, 스마트폰 등의 디지털 상품 출시를 단행하고, 디지털의 기반이 되는 반도체와 디스플레이 패널 사업에 대규모 투자를 했다. 이러한 삼성전자의 베팅이 대성공을 거두어 21세기에 디지털 시대가 본격화하면서 삼성전자는 2006년부터 아날로그 TV 산업의 지존이었던 소니를 제치고 전 세계 TV 산업의 1등이 되는 등 일대 도약을 할 수 있었다. 반면 아날로그 제품의 높은 시장점유율과 마진에 안주하고 자만심에 차 있던 소니 등의 일본 전자업체는 디지털 제품 진입이 늦어져 쇠락의 길로 접어들었다.

이처럼 전략적 의사결정은 특히 패러다임이 변화하는 시기에 중요해진다. 기업사를 보면, 소니나 노키아와 같이 시대를 풍미하였던 선도 기업이 패러다임이 변화하는 시기에 몰락하고, 삼성전자와 같은 후발 도전자가 패러다임 변화를 선도하거나 거기에 빠르게 올라탐으로써 신흥 강자로 부상하는 일이 반복되고 있다. AI 혁명 와중에 최고 성능의 AI 가속기를 개발하고 쿠다Cuda라는 소프트웨어 개발용 프로그래밍 플랫폼도 장악한 엔비디아가 반도체 산업의 최강자로 부상한 반면, CPU로 반도체 산업의 전통적 최강자로 군림했던 인텔이 몰락한 일도 패러다임이 변화하는 시기에 전략이 얼마나 중요한지를 잘 보여 주는 최근 사례라고 할 수 있다.

2020년대 초반 코로나19 팬데믹이 세계를 강타한 이후 포스트 팬데믹 시대가 찾아왔다. 이 시기에 한국 기업들이 직면하고 있는 외부 환경에는 거대한 패러다임 변화가 동시다발적, 중첩적으로 나타나고 있다. 이로써 한국 기업들은 중대한 변곡점에 서게 되었고, 그 어느 때보다도 전략적 사고와 의사결정이 중요해졌다. 무엇보다도 2022년 말 ChatGPT의 출시로 본격화된 AI는 사람들의 삶 및 기업 환경에 혁명적인 변화를 가져오고 있다. 디지털 혁명과 스마트 혁명이라는 두 번의 패러다임 변화에 적극적으로 대응하여 글로벌 일류 기업으로 도약했던 삼성전자가 AI 혁명의 초창기에 고대역폭메모리HBM와 파운드리 사업에서 SK하이닉스와 TSMC에 각각 뒤처져 CEO가 공개 사과문을 발표하는 등 전략적 변곡점에 서게 된 것도 패러다임 변화에 선제적으로 잘 대응하는 것이 얼마나 중요한지를 잘 보여 주는 한국 기업의 사례라고 할 수 있다. 이러한 AI 혁명에 더해서 미·중 패권전쟁으로 대변되는 지정학적 리스크 고조와 트럼프발 상호관세 부과로 인해 글로벌 공급망의 대전환이 일어나고 있어서 대외의존도가 높은 한국 경제와 기업은 이러한 지정학적 변화와 글로벌 공급망의 대전환에서 어떻게 기회를 찾고 위기를 극복할 수 있을지 그 전략을 수립하는 일이 핵심적인 과제가 되었다. 더욱이 한국 경제의 장기 저성장 기조 고착화는 불가피한 상황으로 가고 있어서 고도성장기의 전략은 더 이상 유효하지 않고 저성장 시대의 새로운 전략을 모색해야 하는 상황으로 가고 있다. 기후변화와 ESG 경영의 중요성이 대두되는 것도 한국 기업들이 직면하고 있는 또 다른 중요한 패러다임의 변화이다.

이처럼 패러다임 대전환기에는 전략이 더 중요해지는데, 그러면 기업의 전략이란 무엇이고 그 전략은 어떻게 수립해야 하는가? 전략은 쉽게 이야기하면 기업이 수립한 목표를 이루기 위해 기업이 나아가야 할 방향을 설정하는 것이다. 기업이 보유하고 있는 사람, 돈, 기술 같은 자원은 유한한 반면, 기업이 선택할 수 있는 사업이나 활동은 무궁무진하다. 기업은 특정 사업이나 활동에 집중할 수 있고 다양한 사업이나 활동을 동시에 영위할 수도 있다. 하지만 어떠한 기업도 세상에 존재하는 모든 사업이나 활동을 다 할 수는 없고 극히 일부만 전개할 수 있다. 따라서 전략적 사고의 핵심은 '선택과 집중'이라고 할 수 있다. 기업이 가지고 있는 유한한 자원을 어떤 사업이나 활동에 집중적으로 투입하였을 때 기업이 설정한 목표를 가장 효과적으로 달성할 수 있는가 하는 질문이 선택과 집중에 기반한 전략적 의사결정의 핵심이라고 할 수 있다. 이러한 관점에서 보면 전략은 자원배분의 우선순위 결정이라고도 정의할 수 있다.

[그림 1-1]에는 성공적인 전략의 공통 요소가 담겨 있다. 성공적인 전략은 전략 수립과 전략 실행이라는 양대 축으로 구성되어 있다. 전략 수립을 위해서는 제일 먼저 기업이 추구해야 할 전략적 비전 내지 목표부터 설정해야 한다. 기업의 전략가는 외부 환경에서 오는 기회와 위협 요인을 통찰력을 가지고 파악하는 한편으로, 내부적으로 보유하고 있는 자원과 역량resource & capability(흔히 R&C라고도 부른다)의 강·약점을 냉정하게 분석하여 이를 기반으로 전략적 비전과 목표를 설정하는 일부터 세부 전략을 수립하는 일까지 진행해야 한다. 이

[그림 1-1] 성공적인 전략의 공통 요소

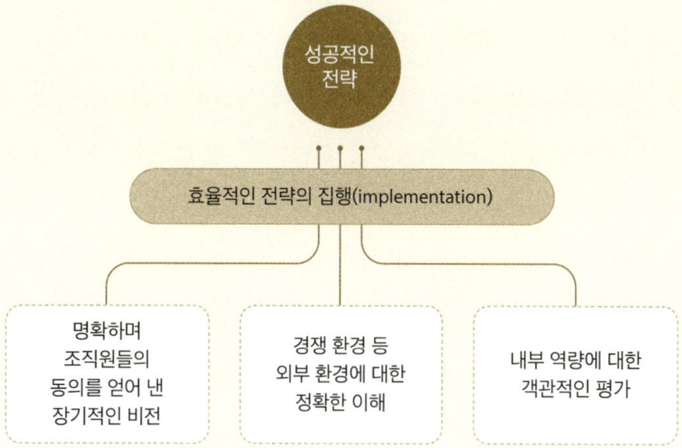

때 주의해야 할 점은 기업이 설정한 목표, 외부 환경상의 기회와 위협 요인, 내부 역량 측면의 강·약점 사이에서 동태적인 상호 적합성을 추구해야 한다는 것이다. 외부 환경이 변화하면 기업의 목표도 재설정되어야 하고 기업의 강·약점도 다르게 분석될 수 있기 때문에 기업은 필요하면 전략을 재설정해야 한다.

이처럼 명확하며 조직원들의 동의를 얻어 낸 장기적인 전략적 비전, 경쟁 환경 등 외부 환경에서 오는 기회와 위협에 대한 통찰력 있는 분석, 내부 역량 측면의 강·약점에 대한 냉철하고도 객관적인 분석을 통해서 전략이 수립되게 되면 이러한 전략을 효과적으로 실행하는 것이 성공적인 전략의 또 다른 관건이다. 수립된 전략을 잘 실행하기 위해서는 변화 관리change management가 필요하다. 변화 관리란 변화된 전략에 부합하는 방향으로 기업의 경영 시스템의 제반 요소들을 재정렬하는 과정을 말한다. 새로 수립된 전략이 회사의 인사, 조직, 평가보상 시스템 등 경영 시스템과 부합하지 않는다면 전략은 소기의 목표를 달성하지 못할 가능성이 매우 높고, 전략과 경영 시스템의 부조화로 오히려 성과가 나빠질 수도 있다.

예를 들면 삼성그룹의 이건희 회장은 21세기에 떠오르는 디지털 제품·기술을 중심으로 질적 고도화를 통한 21세기 글로벌 초일류 기업 달성이라는 원대한 비전을 1993년 신경영을 통해서 제시하였다. 남의 브랜드도 마다하지 않고 박리다매로 낮은 이윤을 감수하면서 매출액만을 중시하고 국내 시장의 선도적 지위에만 안주하던 삼성의 전략이 글로벌 시장에서 선도적 기술로 프리미엄 제품을 만들어 자기 브랜드로 고마진을 추구하는 질 위주 전략으로 180도 전환한 전략적 기조의 대변혁이었다. 하지만 삼성의 경영 시스템은 과거의 매출과 양 위주의 경영에 맞추어져 있었기에, 이건희 회장의 주도하에 삼성은 장기간에 걸쳐서 새로운 질 위주 전략에 부합하는 방향으로 변화 관리를 하면서 전략의 실행력을 높여 나갔다. 무엇보다도 회장의 전략 방향에 대한 공감대가 부족했던 삼성 임직원들의 마인드셋 개조를 위해 '마누라와 자식 빼놓고 몽땅 다 바꿔라'는 유명한 슬로건하에 강도 높은 교육과 함께 품질이 불량한 휴대폰을 모두 불태워 버리는 휴대폰 화형식 등 충격 요법을 단행하였다. 또한 R&D, 브랜드 마케팅, 디자인, 경영관리 등의 분야에서 이건희 회장이 강조한 소프트 경쟁력을 세계 최고 수준으로 끌어올리기 위해 글로벌 최고 수준의 핵심 인재들을 영입하고, 이를 위해 개인별·사업별 평가보상 시스템의 일대 변화를 도모하였다. 또한 조직문화와 일하는 프로세스의 개혁에도 매진한 결과, 21세기에 들어 삼성은 디지털 기술 시대가 본격화하면서 회장이 전략적 비전으로 내세웠던 디지털 시대의 글로벌 일류 기업으로 도약할 수 있었다.

[그림 1-2]는 이러한 전략의 기본 프레임워크를 도식화하고 있다. 기업이 추구하는 목표는 매출, 이익(률), 시장점유율이나 시장에서의 순위, 기업 가치 등 다양하게 존재할 수 있지만 전략이 궁극적으로 추구하는 바는 '지속 가능한 경쟁우위sustainable competitive advantage'

[그림 1-2] 전략의 기본 프레임워크

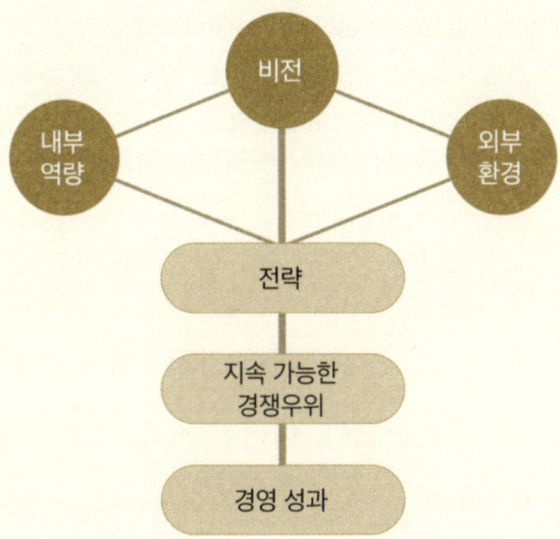

더 보기

전략의 기원은 전쟁에서 왔다

전략의 개념을 가장 먼저 발달시켜 온 분야는 군사학이다. '전쟁을 어떻게 이기느냐'를 고민하면서 전략의 개념들이 먼저 군사학에서 발전해 왔다. 특히 『손자병법』은 "남을 알고 나를 알면 백 번을 싸워도 위태롭지 않다知彼知己 百戰不殆" 같은 현대 전략 이론의 핵심이 상당 부분 함축되어 있어서 전략 교수의 관점에서 보면 시대를 뛰어넘는 명저라고 할 수 있다.

탁월한 전략적 사고를 통해 이기기 힘든 전쟁을 승리로 이끈 대표적인 사례는 베트콩과 월맹군이라고 할 수 있다. 미군은 압도적인 군사력의 우위를 지니고 있었지만 전쟁의 명분이 약해 국내외적으로 반전 여론에 시달렸고 베트남의 지형과 날씨에도 익숙하지 못했다. 이를 간파한 지압 장군과 월맹의 지도자들은 국제적인 반전 여론에 잘 호소하여 미군이 압도적인 군사력을 퍼붓지 못하도록 하였다. 특히 전면전을 피하는 대신 지형지물을 잘 파악하고 있는 장점을 활용함으로써 효과적으로 게릴라전을 전개하여 치고 빠지는 전술로 미군을 지치게 했다. 국내외적으로 반전 여론에 시달리고 장기화된 전쟁에 지쳐서 미군이 철수하자 월맹군은 월남을 적화통일하였다.

이 사례에서 보면 월맹군은 외세 축출과 통일이라는 잘 설정된 목표 내지 비전으로 국민과 군대에 동기 부여를 했고, 외부 환경상의 기회 및 위협 요인과 내부적인 자원과 역량의 강·약점을 정확히 파악했다. 이로써 미국과 세계의 반전 여론을 조장하는 선전선동술과 게릴라전, 지구전을 기반으로 한 전략을 효과적으로 수행하여 전쟁을 승리로 이끈 것이다. 이처럼 월맹의 승리는 현대 전략 이론의 관점에서 보면 매우 효과적인 전략 수립과 전략 실행의 성공 사례라고 볼 수 있다.

의 창출이다. 지속 가능한 경쟁우위란 경쟁자가 쉽게 모방할 수 없는 차별적인 경쟁력의 원천으로서, 이러한 지속 가능한 경쟁우위를 창출하게 되면 경영 성과가 좋아지기 마련이다.

전략적 비전 수립: 명확한 비전은 죽은 기업도 다시 살린다[1]

전략 수립 시 제일 먼저 해야 할 일은 전략적 비전 내지 목표를 설정하는 것이다. 기업에는 창립할 때 창업자가 정립한 기업 이념 내지 창업 이념이 있고, 기업 임직원들이 추구해야 할 핵심 가치가 있기 마련이다. 예를 들어, 삼성의 경우 이병철 창업 회장은 사업으로 나라에 도움이 되겠다는 '사업보국事業報國'을 창업 이념으로 정하고 '합리추구', '인재제일'을 경영 이념으로 제시하였다. 이러한 창업 이념 내지 경영 이념은 시대가 바뀌면서 해석이 달라질 수 있지만, 여러 세대가 흘러 회장이 바뀌어도 유지되는 경우가 일반적이다. 회사의 전략적 비전은 이러한 경영 이념과 핵심 가치를 기반으로 수립되지만 시대의 흐름과 회사의 발전 단계에 따라 변화하게 된다. 기업들은 보통 10년 주기로 전사의 전략적 비전을 재설정한다. '비전 2030', '비전 2035' 등의 이름이 붙으면서 재설정되는데, 잘 설정되고 조직원들의 공감대를 형성하는 데 성공한 전략적 비전은 하위 전략의 나침반 역할을 하게 된다. [그림 1-3]은 이러한 전략적 비전의 위치를 도식화한 것이다.

1 이 절의 내용 일부는 다음 책을 기반으로 작성했다. 송재용, 스마트 경영(21세기북스, 2011).

[그림 1-3] 전략적 비전의 구조

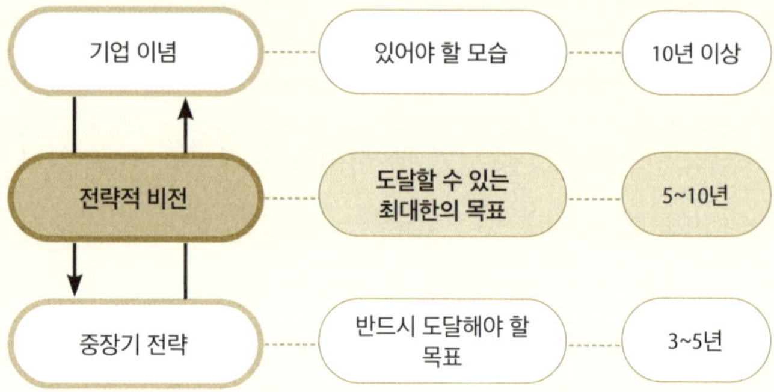

비전이 중장기 성과를 결정한다

경영 위기나 후발 주자로서 불리한 위치에도 불구하고 성공적으로 경쟁력을 강화하여 지속적으로 높은 성과를 올리고 있는 기업들을 분석해 보면, 시대적 요구에 맞는 방향으로 전사 비전vision을 잘 설정하여 조직 구성원의 공감대를 바탕으로 잘 실천해 온 점을 공통점으로 찾을 수 있다. 그러면 기업의 비전이란 무엇인가? 비전이란 경영 이념을 바탕으로 회사가 지향해야 하는 방향성과 도달할 수 있는 최대한의 목표를 규정한 것이다. 기업의 사무실에 가 보면 경영 이념과 함께 전사 비전이 액자에 담겨 걸려 있는 모습을 흔히 볼 수 있다. 대부분의 기업은 5~10년마다 비전을 설정한다. 하지만 많은 기업에서 비전은 단지 액자 속에만 존재하고 구성원들의 실제 의사결정에서는 고려되지 않는 '죽은' 비전이 되어 상징적으로만 남아 있는 것이 현실이기도 하다.

그러면 잘 설정되고 구성원들의 공감대를 형성하여 실천되는 '살아 있는' 비전을 지닌 비전 기업visionary company이 되는 것은 기업의 장기 성과에 얼마나 중요한가? 1990년대에 경영 분야 베스트셀러였던 『성공하는 기업들의 8가지 습관Built To Last』은 비전 기업들이 동종 업종의 경쟁 기업이나 주가 지수에 비해서 어느 정도로 우월한 성과를 올리는지를 잘 보여 주고 있다. 즉 비전 기업의 장기 주가는 비교 기업의 6배 이상, 주가 지수에 비해서는 무려 15배 이상 올랐다.

잘 설정되고 철저히 실천된 비전은 기업을 변신시킨다

비전이 외부 환경의 변화와 기업의 역량 수준에 따라 잘 설정되고 실행된 기업은 위기를 극복하거나 도약의 전기를 마련할 수 있다. 국내 기업 중 삼성의 신경영과 아모레퍼시픽의 사례가 비전의 중요성을 잘 보여 주고 있다.

삼성의 신경영 사례

삼성의 경우 1993년에 이건희 회장이 주창한 신경영이 전사적 비전의 성공적인 재설정을 통한 획기적 도약의 전기가 되었다. 신경영에서는 질적 고도화를 통한 '21세기 글로벌 초일류 기업'이라는 새 비전이 제시되었다. 이 비전의 요체는 과거에 삼성을 포함한 한국 기업들이 채택해 왔던 양 위주의 비전에서 일대 변신을 추구했다는 점이다. 양 위주의 비전은 저원가를 기반으로 한 박리다매 전략과 지속적인 신사업 진출을 통해서 매출액을 극대화하는 비전이었다. 반면 질 위주의 비전은 맹목적인 매출액 경쟁과 문어발식 사업 확장 대신 기술력, 브랜드, 디자인 역량 등 본원적인 경쟁력 강화를 통한 제품 질의 획기적인 업그레이드 및 이를 통한 이익 창출력 제고에 초점을 맞추었다.

1990년대에 기술력이나 브랜드 파워에서 앞선 경쟁자인 일본 기업들이 동남아 등에 해외 투자를 강화하여 원가경쟁력마저 획기적으로 강화하고 중국이 부상할 조짐을 보이는 등 삼성을 압박하였던 글로벌화의 추세가 신경영이 나오게 된 중요한 배경이었다. 더욱이 1980년대 후반 이후 임금 상승 등으로 저원가 경쟁력이 지속되기 어려워진 데에 따른 위기의식도 질 위주의 비전이 나오게 된 배경으로 작용하였다. 또한 지식 기반 경제의 도래로 기술력, 브랜드, 디자인 등 무형 자산 위주의 경쟁력이 중시되는 21세기 초반 메가 트렌드에 대한 통찰력도 신경영의 방향성에 영향을 미쳤다. 특히 21세기 초반에 아날로그 기술에서 디지털 기술로 전자산업의 기술적 패러다임의 대변화가 나타날 것이기에 디지털 시대에 맞는 역량을 빨리 확보하면 글로벌 초일류로 부상할 수 있을 것이라는 판단도 중요하게 작용하였다.

신경영에서는 무엇보다도 '제품의 질'을 강조했다. 그런데 제품의 질을 높이기 위해서는 경영 능력, 기술력, 마케팅 역량, 디자인 역량 등을 갖춘 고급 인재를 확보하여야 했기에 '사람의 질'을 업그레이드하는 데 초점을 맞추었다. 또한 우수 인재를 확보하고 활용하기 위해서는 '경영 시스템의 질'도 업그레이드해야 했다. 하지만 삼성은 오랜 기간 양 위주 경영에 맞는 경영 시스템을 운영해 왔고, 내부적으로 글로벌 수준의 고급 인재 풀이 절대적으로 부족하였다. 따라서 이러한 3대 질을 글로벌 일류 수준으로 업그레이드하는 것은 삼성에 매우 도전적인 과제였다. 하지만 10년 이상 일관성을 가지고 핵심 인재들을 확보하고 육성하였다. 또한 조직구조, 문화, 가치체계, 평가와 보상 시스템, 경영 프로세스 등 경영 시스템의 주요 요소를 질을 최우선시하는 전사 비전에 부합하는 방향으로 재정렬했다. 그 결과 21세기에 들어 마침내 제조업체 중 세계 최고 수준의 이익을 매년 기록하면서 글로벌 일류 기업으로 변신할 수 있었다.

아모레퍼시픽의 사례

아모레퍼시픽의 경우 1995년 경영 위기 상황에서 '미와 건강 분야의 strong brand company'라는 'Vision 2005'를 설정하고 구성원들의 공감대를 바탕으로 철저히 실천하였다. 그 결과 부실기업에서 우량기업으로 변신할 수 있었다. 먼저 '미와 건강'으로 사업 범위를 분명하게 규정하여 이와 관련 있는 화장품, 녹차, 제약 사업만 남기고 금융 등 나머지 사업들을 모두 정리하였다. 이러한 대대적인 사업 구조조정 과정에서 10년 동안 계열사 수를 4분의 1로 줄였다. 또한 전형적인 제조업체였던 기업 체질을 강력한 브랜드를 갖춘 'strong brand company'로 변화시키기 위해 구조조정 과정에서 확보한 자금을 제품력 강화를 위한 R&D 투자와 브랜드·마케팅 역량 강화에 집중 투입했다. 그 결과 외환위기에도 불구하고 한방 화장품과 기능성 화장품의 효시격인 설화수, 아이오페 등을 메가 브랜드로 성공시킴으로써 비약적인 성과 향상을 이루어 내었다.

아모레퍼시픽의 'Vision 2015' 수립은 필자의 자문하에 이루어졌다. Vision 2015에서는 새로운 비전문vision statement으로 "미와 건강 분야의 토탈 케어를 제공하는 글로벌 기업"을 채택하였다. 이 비전문에서는 '미와 건강', '토탈 케어', '글로벌'이라는 키워드가 전략의 방향성을 제시하였다. 먼저 사업 영역을 '미와 건강'으로 유지하였다. 아모레퍼시픽이 사업을 영위해 온 미와 건강 분야는 21세기에 가장 유망한 사업 영역 중 하나로서 굳이 다른 분야로 다각화하지 않더라도 이 분야에서 사업을 확장할 여지가 크다고 보았기 때문이다. Vision 2005의 핵심 키워드인 'strong brand company'가 국내 시장에서 압도적인 점유율로 구현되었다고 보았기에 새로운 키워드로 '글로벌'과 '토탈 케어'가 들어갔다. Vision 2015를 수립하던 2004년 시점에 아모레퍼시픽의 매출 중 해외 매출 비중은 7퍼센트 정도에 불과하였기에 '글로벌'을 강조하면서 2015년에는 전체 매출의 30퍼센트 이상을 해외에서 달성하겠다는 전략적 목표가 들어갔다. 이로 인해 비전문에서도 글로벌을 강조한 것이다. 또한 단순한 화장품 제조사가 아닌 고객에게 맞춤형 서비스와 솔루션을 제공하는 형태로 비즈니스 모델을 고도화하겠다는 전략의 방향성을 담기 위해 '토탈 케어'가 키워드로 추가되었다. 이러한 비전이 조직원들의 공감대를 형성하여 잘 실천된 결과, 아모레퍼시픽은 2015년에 Vision 2015의 매출 목표 5조 원과 해외 매출 비중 30퍼센트를 훨씬 초과하는 기대 이상의 성과를 거둘 수 있었다.

살아 있는 비전을 만드는 방법

그러면 삼성과 아모레퍼시픽 사례처럼 '살아 있는 비전'을 만들기 위해서는 어떻게 해야 하는가? [그림 1-4]는 비전 설정 프로세스의 핵심 요소들을 도식화한 것이다.

외부 환경상의 트렌드를 잘 읽어라

살아 있는 비전이란 기업의 미래 방향을 명확히 제시해야 한다.

[그림 1-4] 비전 설정 프로세스

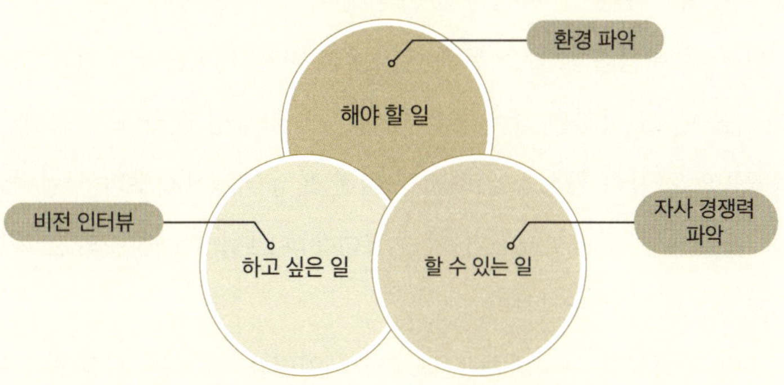

이러한 미래 방향은 무엇보다도 향후 상당 기간 지속될 외부 환경의 메가 트렌드와 고객 니즈의 변화에 부합해야 한다. 특히 좋은 비전은 기업의 장단기 전략 수립 시 나침반 역할을 수행해야 한다. 즉 전략 수립 시 '이 전략이 비전에 부합하는가?'라는 간단한 질문이 가장 중요한 기준이 되어야 한다. 예컨대 '프리미엄 브랜드 육성을 통한 글로벌 일류 기업 달성'이라는 비전을 가진 기업이 초저가 제품을 마구 밀어내고 초저가 제품에도 프리미엄 제품과 동일한 브랜드를 사용한다면 이는 비전과 잘 부합하지 않는 전략일 것이다.

구성원들의 공감대를 형성하라

살아 있는 비전은 구성원들의 위기의식을 기반으로 공감대를 형성하여 이들에게 동기 부여를 할 수 있어야 한다. 비전 설정이 최고경영층의 의중을 반영하는 것에만 국한되거나 구성원들의 광범위한 참여와 공감대 형성 과정을 생략한 채 컨설팅 회사의 일방적인 주도로 이루어진다면 그 비전은 죽은 비전이 될 가능성이 높다. 구성원들의 의견 반영과 동참을 통해서 조직의 비전이 개인의 비전과 조화를 이룰 때 그 비전은 살아 있는 비전이 될 가능성이 높다. 따라서 구성원들의 공감대 형성을 위해서는 비전 설정 과정에서부터 일방적인 톱다운top down식 프로세스가 아닌 톱다운과 보텀업bottom up의 조화를 도모하는 것이 바람직하다.

즉 광범위한 구성원들을 대상으로 인터뷰, 워크숍, 설문조사 등을 진행하여 적극적으로 구성원들의 의견을 구해야 한다. 이렇게 수

집된 구성원들의 의견을 최고경영층에 올려서 최고경영층의 의중과 일반 임직원의 생각 간의 간극을 좁혀 가는 과정을 거쳐야 한다. 또한 비전을 전파하는 과정에서도 구성원들이 비전을 보다 잘 이해할 수 있도록 해야 한다. 예를 들어 파격적인 인센티브를 내걸고 비전 슬로건을 공모한다거나 비전 선포식을 전 직원이 참여하는 축제 분위기의 이벤트로 구성함으로써 구성원들의 참여를 지속적으로 유도해야 한다. 비전 선포 후 임직원들이 이를 잘 이해하여 세부 전략 수립에 반영할 수 있도록 비전 관련 교육도 적극 시행해야 함은 물론이다.

꿈과 현실, 구체성과 포괄성의 조화가 중요하다

효과적인 비전은 미래에 대한 꿈을 담고 있고 혁신을 통해서만 달성할 수 있을 정도로 도전적이어야 한다. 하지만 회사 역량상의 제한 등 현실성을 무시해서는 안 된다. 아무리 노력해도 달성하기 불가능한 비현실적인 비전은 구성원들의 도전 의욕 자체를 불러일으키지 못해서 설정 시점부터 바로 죽은 비전이 될 공산이 크다. 죽은 비전으로 전락하는 것보다 더 심각한 문제는 비현실적으로 높게 설정된 비전을 달성하기 위해 무리수를 둠으로써 모기업까지 심각한 타격을 받게 되는 것이다. 예를 들어 비현실적인 비전을 달성하기 위해서 연이어 과도한 경영권 인수 프리미엄을 지급하면서 M&A를 하는 것이다. 따라서 비전 설정의 가장 중요한 원칙은 CbA(Challenging but Achievable)로, 도전적이지만 최선을 다하였을 때 달성도 가능한 수준에서 비전이 설정되어야 한다.

또한 좋은 비전은 구체성과 포괄성의 적절한 조화도 이루어야 한다. 세부 비전에는 매출액, 시장 지위, 이익률 등의 측면에서 구체적인 수치가 제시되어야 할 것이다. 하지만 기업의 비전을 하나의 문장으로 표현하는 비전문에는 아모레퍼시픽의 'Vision 2015'에 담긴 '미와 건강', '글로벌', '토탈 케어'처럼 기업의 미래상과 방향성에 대한 비교적 포괄적이지만 구체적인 방향성이 담겨야 한다. 환경 변화가 과거보다 자주, 크게 일어나고 예측하기도 어려워진 현실 때문이다. 보통 10년 앞의 미래 모습을 규정하는 비전을 지나치게 구체적으로 표현하게 되면 환경 변화에 따라서 중도에 목표 달성이 사실상 불가능해질 수 있다. 이렇게 되면 비전이 유명무실해지거나 조기에 재설정해야 하는 상황에 직면할 수 있다. 반대로 비전이 구체적인 계량적 목표 없이 너무 추상적으로만 설정된다면 전략의 나침반 기능을 수행하기가 어려워진다.

최고경영층의 중장기적이고 일관성 있는 리더십이 필요하다

삼성과 아모레퍼시픽의 사례에서 볼 수 있듯이 비전의 달성은 전략은 물론 사람과 경영 시스템의 변화를 수반해야 하는 장기적이고도 어려운 과정이다. 따라서 최고경영층의 리더십과 구성원의 믿음을 기반으로 일관성 있고 지속적으로 추진할 수 있어야 비전은 달성될 수 있다. 삼성의 신경영처럼 경영의 틀을 송두리째 바꾸어야 하거나 아모레퍼시픽의 사례처럼 비전 달성을 위해 대대적인 구조조정이 필요하게 된다면, 비전을 달성하는 과정에서 저항으로 인해 혼란 상황에 직면할 수 있다. 단기적으로는 새로 설정된 비전과 이에 맞춘 전략이 기존의 경영 시스템 및 조직문화와 부조화를 일으킴으로써 경영 성과가 나빠질 수도 있다. 또한 비전 달성을 위해서 이루어지는 사람이나 역량에 대한 장기적인 투자 역시 단기적으로는 비용으로 작용하여 기업의 단기 성과가 악화되기 마련이다.

따라서 이러한 단기적인 저항과 혼란, 성과 악화에도 불구하고 비전을 일관성 있게 밀고 나가면서 비전 달성에 필요한 장기 투자를 하기 위해서는 최고경영자의 확고한 신념과 의지, 추진력이 꼭 필요하다. 예를 들어 삼성의 경우에도 세계 최고 수준의 S급 인재 확보, 미래전략그룹 운영, 지역전문가 양성, 디자이너 양성 기관인 SADI Samsung Art & Design Institute 설립 등을 통해서 인재 확보를 위한 막대한 돈을 지속적으로 투자하였다. 이는 소유경영자인 이건희 회장의 강력한 의지 없이는 어려운 일이었다. 경영, 마케팅, 기술, 디자인 등 질 위주 경영에 꼭 필요한 영역에서 글로벌 일류 수준의 인재를 확보하기 위해 이건희 회장은 S급 인재 영입을 지시하였다. 하지만 처음 몇 년간은 성과가 지지부진하였다. 그러자 2002년에 전 계열사 사장을 모아 놓고 사장보다 연봉을 더 많이 받는 인재를 확보하라고 강력히 지시하여 S급 인재 확보에 가속도가 붙기 시작하였다.

또한 1996년에는 해외 톱10 비즈니스 스쿨에서 MBA를 받은 외국인 우수 인재를 확보하기 위해 미래전략그룹을 설치하였다. 이 역시 곧이어 불어닥친 외환위기의 광풍으로 삼성전자도 대규모 적자를 기록하여 폐지 여론이 강하였다. 하지만 회장의 강력한 의지로 미래

전략그룹을 존속시켜 지금까지 계속 발전시켜 왔다. 그룹의 내부 인재들을 해외 주요 국가에 파견하여 1년 동안 현지의 언어, 문화를 익히게 한 지역전문가 제도 역시 1990년 이후 30년 이상 지속되었다. 이 기간 중 무려 6,000명이 넘는 글로벌 인재를 양성함으로써 삼성이 글로벌 기업으로 도약하는 초석을 닦았다. 심지어는 국내에서 인재 확보가 가장 어려웠던 디자인 분야의 인재를 확보하기 위해 1995년에 3년제 디자이너 양성 기관인 SADI를 설립하였다. 세계 최고의 디자인 스쿨인 미국의 파슨스Parsons와의 전략적 제휴를 통해 SADI의 교육 수준을 단기간에 세계 최고 수준으로 끌어올렸다. 지역전문가 육성에 1인당 1억 원에 가까운 돈이 들어가는 등 이 모든 중장기 투자는 많은 비용 지출을 요구하였다. 하지만 신경영의 비전을 달성하겠다는 이건희 회장의 강력한 의지가 있어 지금까지 지속적으로 추진되었다. 이러한 사람과 역량, 시스템에 대한 중장기 투자가 있어 신경영의 비전은 결국 달성될 수 있었다.

이러한 최고경영층의 확고한 믿음과 리더십을 바탕으로 비전을 달성하기 위해서는 매년 전사 비전의 달성 수준을 체크하여 미진한 부분을 계속 챙겨 나가야 한다. 이를 위해서는 전사 차원에서 비전의 추진 상황을 체크하고 이를 평가에 반영하면서 매년 비전 관련 과제를 제안하는 전담 조직을 설치할 필요가 있다. 또한 전사 비전을 설정한 후에는 사업 부문이나 기능조직의 비전도 전사 비전에 부합하는 방향으로 설정함으로써 전사 비전과 사업 부문 비전의 전략이 서로 잘 들어맞도록 해야 한다.

비전은 주기적으로 재설정되어야 한다

상당 기간 효과적이었던 비전도 시대적 상황이 변화하면 유효성이 떨어져서 재설정할 필요성이 생기게 된다. 삼성의 경우 2020년대 중반에 AI 혁명이라는 거대한 패러다임 변화에 직면하여 초격차를 유지해 오던 메모리 반도체 분야에서 SK하이닉스에 밀리고, 신사업으로 야심차게 밀어붙였던 파운드리 사업에서 지배적인 사업자인 TSMC와의 격차가 오히려 벌어지는 등 중차대한 변곡점에 직면하게 되었는데, 이러한 시점에서는 전략적 비전의 재설정이 필요하다.

비전은 전략의 나침반이다

비전은 기업의 방향성을 정하는 나침반의 구실을 한다. 환경 변화가 과거보다 빨라지고 예측하기가 쉽지 않다고 해서 회사의 비전을 설정하지 않는 것은 마치 나침반 없이 항해하는 것과 마찬가지로 위험한 발상일 수 있다. 비전은 회사의 미래상을 규정하는 역할을 하기에 환경 변화가 빠르고 예측하기 어려운 방향으로 나타나는 산업에서도 중장기 전략적 비전의 설정은 필수불가결하다. 한국 기업들은 AI 혁명, 지정학적 리스크의 고조와 글로벌 공급망의 대전환, 한국 경제의 저성장 기조의 고착화 등 거대한 포스트 팬데믹 패러다임 변화에 직면하고 있다. 패러다임 변화의 본질과 메가 트렌드를 잘 분석하여 기업의 중장기적인 미래상을 제시하는 비전을 잘 설정하고 조직원들의 공감대를 형성하여 잘 실천해야 패러다임 대전환 시기에 글로벌 경쟁의 승자로 자리매김할 수 있을 것이다.

2 | 사업전략을 잘 수립하려면

Business Strategy

기업의 전략은 크게 단일 사업에서 성과를 창출하기 위한 사업전략business strategy과 복수의 사업을 연계하여 성과를 창출하기 위한 전사 차원의 기업전략corporate strategy으로 나누어진다. 대부분의 경우 특정 사업에는 경쟁자들이 존재하고, 사업전략은 지속 가능한 경쟁우위 창출을 도모하는 데 초점을 맞추기에 경쟁전략이라고도 불린다. 예를 들면 LG전자가 TV 사업에 대한 전략을 수립하면 사업전략인 반면, 생활가전, TV, 전장 사업 등을 망라하는 전사 차원의 포트폴리오를 조정하고 여러 사업을 연계하여 시너지를 창출하며 신규 사업에 진출하기 위한 전략을 수립한다면 이는 기업전략의 영역에 해당한다.

사업전략을 수립하든, 기업전략을 수립하든 전략 수립을 위해서는 외부 환경에 대한 분석과 내부 자원 및 역량에 대한 분석이 수반되어야 한다. 외부 환경에서 오는 기회와 위협 요인을 파악하고 내부 자원 및 역량 측면에서의 강·약점을 파악하여 이를 기반으로 전략을 수립하게 된다. 또한 사업전략 수립 시에는 경쟁자에 대한 분석도 중

[그림 2-1] 사업전략 수립 체계

요해진다. 지속 가능한 경쟁우위 창출을 위해서는 경쟁자와의 차별화가 중요하기에 최근에는 혁신innovation이 차별적인 경쟁전략의 핵심으로 부각되고 있다. [그림 2-1]은 사업전략 수립 체계를 도식화한 것이다.

또한 인터넷과 AI가 대두하면서 인터넷이나 AI 기반 플랫폼 비즈니스에서는 전통적인 전략의 프레임워크가 잘 안 들어맞는 상황도 많이 발생하고 있다. 한편 기업 환경의 불확실성이 높아지면서 안정적인 환경에서 정립된 전통적인 전략 기법의 유용성이 떨어지는 상황도 발생하고 있어 불확실성을 전략에 적극 반영하는 시나리오 플래닝scenario planning이나 리얼 옵션real option 등 새로운 전략 기법들이 각광을 받고 있다. 따라서 이 장에서는 전통적인 전략 프레임워크나 기법에서부터 패러다임 대전환 시대에 새로 부상하고 있는 플랫폼 기반 경쟁전략이나 불확실성 대응 기법까지 포괄하여 살펴본다.

전략의 기본 분석 프레임워크와 SWOT 분석

전략의 기본 원칙을 잘 담고 있는 가장 기본적인 전략 분석 프레임워크는 SWOT 분석이다. SWOT 분석이란 외부 환경에서 오는 기회opportunity와 위협threat, 내부 자원과 역량 측면의 강점strength과 약점weakness의 앞 자를 따서 명명되었다.

SWOT 분석을 잘하기 위해서는 1단계로 외부 환경에서 오는 기회와 위협, 내부 자원과 역량 측면의 강·약점을 냉철하게 분석하는 것이 필요하다. 여기에서 주의해야 하는 점은 외부 환경의 기회와 자사의 강점을 혼동하고, 외부 환경의 위협 요인과 자사의 약점을 혼동하는 것이다. 외부 환경에서 오는 기회와 위협 요인은 동종 산업에서 비슷한 경쟁 지위에 있는 기업들이 분석한다면 동일하거나 유사하게 나와야 한다. 예를 들어 AI 혁명으로 인한 메모리 반도체 수요의 급증은 삼성전자가 분석하든, SK하이닉스가 분석하든 동일하게 나와야 한다. 하지만 자사 역량의 강·약점은 어느 회사가 분석하느냐에 따라서 달라지는 상대적인 개념이다. 즉 HBM에서 SK하이닉스의 강점은 삼성전자의 약점이 된다.

SWOT 분석의 2단계는 파악한 외부 환경상의 기회와 위협 요인, 내부 자원과 역량 측면의 강점과 약점을 매칭하는 단계이다. 물론 파악한 모든 요인이 매칭되지는 않기에 매칭이 되는 부분만 매칭하는 것이다. 예를 든다면 엔비디아의 경우 AI 혁명으로 인한 AI 반도체 수요 폭발이라는 기회 요인을 AI 가속기의 핵심이 되는 자사의 GPU 반도체 및 GPU 기반의 응용 프로그램 개발을 위한 자사의 쿠다 소프트웨어 플랫폼이라는 강점과 매칭하여 대성공을 거두었다.

SWOT 분석의 3단계는 이처럼 매칭된 부분에 대해 전략을 수립하는 단계이다. [그림 2-2]에 나와 있듯이 SWOT 분석을 통한 전략 수립은 크게 4가지 유형으로 나누어진다. 엔비디아 사례처럼 외부 환경상의 기회 요인을 자사의 강점과 매칭하여 전략을 수립한다면 이는 SO 전략이다. 반면 AI 혁명이라는 기회가 왔는데 자사의 역량 측면의 약점으로 인하여 이를 제대로 포착하지 못한다면, 전략적 제휴나 M&A 등을 통해 약점을 빠르게 극복하고 보완하여 기회를 포착

[그림 2-2] SWOT 분석

하기 위한 WO 전략이 필요할 것이다. ST 전략이란 팬데믹 위기나 지정학적 리스크와 같은 외부 환경상의 위협을 자사의 강점을 활용하여 극복하기 위한 전략이다. WT 전략은 이러한 외부 환경상의 위협이 자사의 약점과 매칭되었을 때 수립하는 전략으로 위협을 극복하고 생존하기 위한 생존 전략의 성격을 지니는 경우가 많다.

이러한 SWOT 분석은 전략 수립 시 1단계 분석으로 유용하여 여전히 많이 사용되고 있다. 하지만 단순한 분석 기법이기에 보다 정교한 전략 수립을 위해서는 이제부터 상세히 기술하는 외부 환경 분석과 핵심역량 분석 기법을 활용한 보다 정교한 분석이 필수적이다.

외부 환경 분석:
외부 환경의 기회와 위협을 잘 포착하라

전략 수립을 위한 외부 환경 분석은 [그림 2-3]에 나와 있듯이 크게 거시환경 분석과 미시환경 분석으로 나누어진다. 거시환경 분석은 정치적political, 경제적economic, 사회문화적socio-cultural, 기술적technological 환경을 주로 분석하기에 영어 단어의 앞 자를 따서 흔히 PEST 분석 또는 STEP 분석이라고 한다. 미시적인 환경 분석은 기업이 속해 있는 산업에 대한 분석이다. 예를 들어 SK하이닉스가 분석한다면 메모리 반도체 산업에 대한 분석을 하게 될 것이다. 산업 분석에서 바이블처럼 수십 년 동안 활용해 온 기법은 전략의 대부인 하버드 경영대학원의 마이클 포터Michael Porter 교수가 제시한 '5세력 모델five forces

[그림 2-3] 외부 환경의 차원

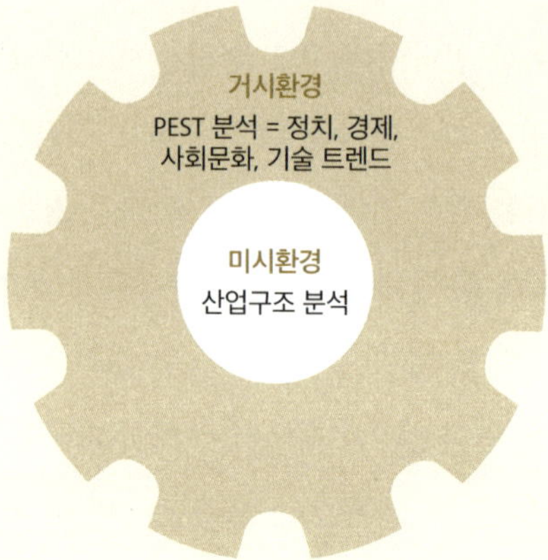

model'이라는 산업구조 분석 기법이다.

PEST 분석

전략 수립 시에는 먼저 PEST 분석을 통한 거시환경 분석을 하기 마련이다. 기업의 기획실에서는 정부나 IMF, 세계은행 등 국제기구, 한국개발연구원KDI 등 국내외 주요 연구기관이나 컨설팅 회사의 자료를 기반으로 PEST 분석을 진행하게 되는데, 궁극적으로 이러한 거시적 환경이 특정 산업이나 기업에 어떠한 기회와 위협을 가져다주는지는 기업의 전략가들이 직접 도출해야 한다. [그림 2-4]는 식품회사에서 실시한 PEST 분석의 요약이다. 이 회사의 기획실에서는 외부 전문기관의 분석을 기반으로 PEST 분석을 수행하였는데, 이러

[그림 2-4] 거시환경 분석(PEST 분석 예시)

P

- 동북아 다자주의화
- 자원 민족주의
- 남북 통합 진전
- 이익단체의 정치세력화
- 국제 환경 규제 강화

E

- FTA 확대
- 고유가, 고원자재가 지속
- 글로벌 M&A 확산
- 구조적 저성장화
- 중국에 대한 의존도 확대

S

- 고령화와 저출생
- 웰빙, 로하스 트랜드의 확대
- 감성, 개성 중시
- 개인화된 네트워크
- 사회공헌 요구 증대

T

- BT, NT, IT의 융합
- 기술 패권주의
- 유비쿼터스 시대
- 소재와 맛의 신기술
- 안전 분석 기술의 개발

기회(O)

- 경제통합으로 글로벌 신시장 확대
- 다양한 고객시장 형성 (세대 간, 계층 간, 지역 간)
- 고부가가치 시장 확대 (웰빙·문화 감성 상품)
- 대기업에 대한 신뢰도 증가

위협(T)

- 高령화 ⇒ 메인 시장의 위축
- 高비용 ⇒ 수익 구조 악화 (유가, 원자재, 사회책임 등)
- 高리스크 ⇒ 경영의 불확실성 (환경·안전·사업 영역 파괴 등)
- 高장벽 ⇒ 사업 확장의 기회 제한 (지적재산권, 기술)

◎ 대내외 핵심 신시장의 선점 역량 강화
◎ 다양한 시장 대응을 위한 세분화된 R&D 기술과 마케팅 능력 배양
◎ 체계적인 리스크 관리

한 거시환경 분석을 통해 기획실에서는 SWOT 분석 등에 활용할 수 있는 외부 환경에서의 기회 요인과 위협 요인을 도출하였다.

정치적 환경의 핵심은 정부 정책, 특히 규제 정책인 경우가 많다. 특히 통신 서비스, 의료 서비스 등 규제 산업에서는 PEST 분석의 4가지 환경 중 정치적 환경이 일반적으로 가장 중요하다. 하지만 많은 기업들에 가장 중요한 거시적 환경은 경제 성장률, 환율, 유가 등과 같은 거시경제적 환경이다. 일부 산업에서는 사회문화적 환경도 중요한데, 웰빙 트렌드나 저출생·고령화 등이 대표적인 사회문화적 환경 변화로 여가 관련 산업이나 유아 관련 산업에 큰 영향을 미치고 있다. 마지막으로 기술적 환경 변화이다. 21세기에는 IT가 전 산업에 직간접적으로 영향을 미치는 가장 중요한 기술적 환경 변화이며, 최근 전개되는 AI 혁명은 향후 수십 년간 전 산업에 크게 영향을 미칠 것으로 예상된다.

포스트 팬데믹 시대의 패러다임 변화와 전략적 대응[1]

AI 혁명처럼 거시환경 변화 중에서도 전 산업에 직간접적인 영향을 미치고 수십 년 동안 지속될 수 있는 변화를 메가 트렌드 또는 패러다임의 변화라고 말한다. 2020년대 초반에 코로나19 팬데믹을 극복하고 난 후 전개되고 있는 포스트 팬데믹 시대에는 AI 혁명, 지정학

1 이 내용의 일부는 다음 자료를 기반으로 작성했다. 송재용 외, 패러다임 대전환(자의누리, 2023); 송재용 외, 2025년 사업전략 수립 시 고려해야 할 5대 패러다임(휴넷, 2024).

적 리스크의 증대와 글로벌 공급망의 대전환, 국내외 경제의 저성장 기조 고착화, 기후변화와 ESG 경영의 중요성 증대 등 주요한 패러다임 변화가 동시다발적, 중첩적으로 발생하고 있다. 그래서 기업 환경의 불확실성이 매우 높아지고 환경 변화의 속도가 빨라지면서 예상하지 못한 변화에 직면할 가능성이 높아지고 있다. 이로 인해 한국 경제와 기업은 중요한 변곡점에 서게 되었다. 따라서 패러다임 변화의 본질을 꿰뚫어 보는 통찰력과 변혁적 리더십을 기반으로 필요하면 기업의 전략 방향을 크게 수정할 수 있는 전략적 민첩성strategic agility이 매우 중요해졌다.

AI 혁명

2020년대 중후반에 사업전략 수립을 위해 반드시 고려해야 할 패러다임 변화는 AI 혁명이다. 2022년 11월, 누구나 편리하게 접근할 수 있는 오픈AI의 ChatGPT가 등장하면서 AI 혁명이 본격화되기 시작했다. ChatGPT는 공개된 지 두 달 만에 사용자 수가 1억 명을 돌파하며, AI의 실용성과 대중적 접근성을 입증하는 계기가 되었다. 의료 분야에서는 AI를 통해 질병 진단과 치료 계획 수립이 더욱 정밀해지고 있으며, 금융 분야에서는 AI가 리스크 관리와 사기 탐지에 활용되고 있다. 제조업에서는 AI를 통한 스마트 팩토리 구현이 점점 발전하고 있으며, 교육 분야에서는 AI 기반의 개인화된 학습 경험이 제공되기도 한다. 이와 같은 AI 활용 기술의 발전은 기업의 효율성과 생산성을 크게 향상시키는 한편, 빅데이터 기반의 고객 맞춤형 비즈니스 모델 혁신을 촉진하고 있다. 이러한 AI 혁명을 선도하고 있는 구글, 마이크로소프트, 메타 등 글로벌 빅테크 기업들은 자체적으로 AI 서비스를 제작하는 것뿐만 아니라 다른 기업에 AI 기초모형foundation model을 제공함으로써 AI 기술이 응용될 수 있는 기반을 급속히 확대해 나가고 있다.

시장조사 기관 마켓앤마켓Markets and Markets에 따르면, AI 시장 규모는 2030년에 약 1조 330억 달러에 달할 것으로 전망되고 있다. 이는 2024년 대비 연평균 약 35.7퍼센트 성장하는 규모이며, 이러한 성장 전망은 AI 기술이 가치사슬 단계마다 지속적인 가치를 창출하고 다양한 산업 분야에 걸쳐 폭넓게 적용되고 있음을 반영하고 있다.[2] 세계 최대의 컨설팅 회사 맥킨지는 생성형 AI의 등장으로 늦어도 2040년에는 다양한 업무에서 AI 기술이 인간 전문가 수준에 이를 것이라 예측한다.[3] 제조업에서는 AI 기반 서비스를 활용하여 자율적 시스템 기반의 프로세스를 자동화하고 불량을 줄이기 위한 품질 관리 등에 AI 기술을 도입하고 있다. 특히 AI를 접목한 로봇의 도입은 물리적 AI(physical AI) 시대로 이어져서 전통 제조업의 생산성 향상 및 비용 절감 측면에서 가장 성과가 기대되는 부분이다.

헬스케어 산업은 AI 기술 도입이 가장 빠르게 나타나고 있는 분야 중 하나이다. AI의 다양한 응용 사례를 통해 의료의 효율성과 정

2 Markets and Markets, *AI market analysis report*, 2024.

3 McKinsey & Company, *The economic potential of generative AI*, 2023.

확성이 크게 향상되고 있다. 구체적으로 보면 방대한 양의 의료 데이터를 분석하여 영상 자료에서 병변을 식별함으로써 진단의 정확성을 높이는 것 외에도 환자의 유전 정보, 라이프 스타일 및 환경 요인 등을 종합적으로 분석하여 맞춤형 치료를 제공하는 단계로 올라서고 있다. AI는 금융 산업에서도 혁신적인 변화를 가져오고 있다. AI 기술은 데이터 분석, 리스크 관리, 고객 서비스 및 거래 자동화 등 다양한 분야에서 활용되어 금융업의 전반적인 성과를 향상시키고 있으며, 사기의 탐지 및 예방에도 중요한 역할을 하고 있다.

이처럼 생성형 AI는 범용적으로 활용되며 AI발 4차 산업혁명의 새로운 출발점이 되고 있다. 과거의 인터넷 혁명, 모바일 혁명이 각각 정보의 연결성과 이동성을 증가시켜 새로운 산업 성장의 토대가 되었던 것처럼, AI 혁명 또한 다양한 연관 산업의 발전에 토대를 제공할 것이다. 단기적 및 중기적으로는 AI의 생산성 향상 효과에 대한 논란이 있지만, 결국 AI 기반 4차 산업혁명은 인터넷과 모바일 혁명 이상의 큰 변화를 가져올 가능성이 크다.

지정학적 리스크의 증대와 글로벌 공급망의 대전환

포스트 팬데믹 패러다임 변화의 가장 큰 특징 중 하나는 지정학geopolitics의 중요성 대두이다. 지정학적 리스크는 분쟁 당사국이나 지역만이 아니라 세계 경제의 안정성과 성장률에 영향을 미칠 수 있기에 사업전략 수립 시 고려해야 할 요소이다. 포스트 팬데믹 시대에 세계가 직면한 가장 중요한 지정학적 리스크로는 미·중 패권전쟁을 꼽을 수 있다. 미·중 패권전쟁은 2018~2019년 미국과 중국 간의 관세 전쟁을 통해 본격화되었다.

바이든 행정부에서는 트럼프 시대에 시작했던 대중국 포위망을 보다 다층적으로 확대했다. 트럼프 대통령 시절 실시했던 대중국 안보 포위망인 쿼드Quad에 이어 호주, 영국을 포함한 오커스Aukus 동맹을 출범시켜 중국에 대한 압박을 강화했다. 또한 장기적으로 글로벌 공급망에서 중국의 비중을 낮추기 위해 제조업이 강한 일본, 한국, 동남아, 인도를 끌어들여 2022년에 인도태평양경제프레임워크Indo-Pacific Economic Framework, IPEF를 출범시키고 반도체 강국인 한국, 일본, 대만을 포함한 칩4Chip4 동맹을 추진함으로써 중국의 반발을 샀다. 여기에 더해 바이든 행정부가 추진한 주요 정책적 이니셔티브인 인플레이션 감축법IRA, 생물보안법 등 각종 입법 조치도 중국에 대한 견제를 담고 있다. 반도체, AI, 퀀텀 컴퓨팅, 전기차 및 전기차 배터리, 바이오 등 전략 산업에서 미국의 대중국 규제는 한층 강화되어 왔다.

이러한 미·중 패권전쟁 등 지정학적 리스크의 고조는 글로벌 가치사슬 내지 공급망의 대전환으로 이어졌다. 1995년 세계무역기구WTO의 출범으로 자유무역이 촉진되면서 선진국의 생산 거점을 중국 등 저임금 국가로 옮기는 원가절감형 오프쇼어링이 세계 경제와 무역 성장의 견인차 역할을 해왔다. 오프쇼어링이 대세를 이루면서 세계의 공장으로 중국이 부상하여 G2의 반열까지 올랐다. 이러한 중국 중심의 원가절감형 오프쇼어링은 1980년대 이후 40년간 지속된 전 세계적인 물가 안정 기조에도 크게 기여했다. 한국 기업들도 중국을 오프쇼어링 거점으로 활용하는 한편, 중국에 부품, 소재, 장비를 수출함으로써 이러한 트렌드의 주요 수혜자가 되었다.

하지만 포스트 팬데믹 시대에는 이러한 글로벌 가치사슬의 근본적 변화가 본격화되었다. 글로벌 가치사슬의 변화는 글로벌 금융위기 이후 시작되었지만 코로나19 바이러스 팬데믹으로 인해 가속화되었다. 필자는 글로벌 가치사슬 변화의 기점을 미국 오바마 행정부가 금융위기에 대응하고자 각종 인센티브를 제공하여 미국 기업 해외 공장의 유턴을 촉진하기 위해 리쇼어링 이니셔티브를 시작한 2010년으로 보고 있다. 특히 오바마의 뒤를 이어 미국 대통령이 된 도널드 트럼프가 강력한 미국 우선주의와 보호무역주의의 기치를 걸고 중국과의 패권전쟁을 본격화함으로써 중국 중심의 원가절감형 오프쇼어링 구조는 흔들리게 되었다.

미·중 패권전쟁과 러시아의 우크라이나 침공으로 인해 러시아와 중국이 더욱 밀착하고 트럼프 행정부 시절 일정 부분 중국 쪽으로 다가갔던 유럽이 안보 위협으로 인해 다시 미국과 밀착하게 되면서 지난 40여 년간 세계 경제 성장과 물가 안정의 견인차 역할을 했던 중국 중심의 원가절감형 오프쇼어링은 이제 한계에 봉착하여 줄어들고 있다. 반면 미국 정부의 강력한 인센티브 제공과 지정학적·정치적 고려의 필요성 증대, 스마트 팩토리 기술의 발전으로 인해 미국, 유럽 등 선진국에 공장을 짓는 시장접근형 오프쇼어링, 우방국에 공장을 짓는 프렌드쇼어링friend-shoring, 멕시코나 동유럽과 같이 선진국과 인접한 저임금 국가에 공장을 짓는 니어쇼어링near-shoring은 증가함으로써 글로벌 공급망의 구조적 대격변이 진행되고 있다.[4] 또한 중국 중심의 원가절감형 오프쇼어링은 줄어들고 있지만, 트럼프 대통령 2기 대규모 상호관세와 품목별 관세 부과로 대변되는 보호무역주의의 확산과 스마트 팩토리 기술의 발전 등으로 주요 선진국 시장에 공장을 짓는 시장접근형 오프쇼어링은 증가하고 있다. 미국 정부의 강력한 제조업 리쇼어링 인센티브와 기업하기 좋은 환경 조성에 힘입어 2010년 10개에 불과했던 유턴 공장은 2021년 1,844개로 급증했다.

원가절감형 오프쇼어링에서 중국 이외의 생산 거점을 추가로 확보하는 차이나 플러스 원 전략의 확산과 선진국으로의 시장접근형 오프쇼어링 강화로 대변되는 오프쇼어링 거점의 다원화 전략은, 다국적기업의 관점에서 보면 글로벌 공급망에서 원가효율성efficiency의 최적화 전략에서 벗어나 회복탄력성resilience을 중시하는 전략으로의 전환을 의미한다.[5] 맥킨지의 2020년 조사에 의하면, 응답 기업의 93퍼센트가 원가효율성을 다소 희생하더라도 회복탄력성을 강화하는 쪽으로 글로벌 공급망 전략의 변화를 추구하고 있었다. 다국적기업 입장에서는 지정학적 리스크나 팬데믹과 같은 돌발 리스크에 대응하기 위해 설사 원가가 더 든다고 하더라도 본국 및 북미, 유럽, 아시아 등의 주요 지역별로 공장을 별도로 설치하여 만일의 사태에 대

4 World Trade Organization (WTO), *Global Value Chain Development Report 2023: Resilient and Sustainable GVCs in Turbulent Times*, 2023.

5 McKinsey Global Institute, *Risk, resilience and rebalancing in global value chains*, 2020.

비하며 회복탄력성을 강화하는 것이 더욱 중요하다는 인식을 하게 된 것이다. 바이든 대통령 시절 이러한 트렌드의 최대 수혜 국가는 중국의 대안으로 떠오른 베트남 등 동남아 국가와 인도, 그리고 니어쇼어링 거점으로 부상한 멕시코와 동유럽 국가들이었으나 트럼프 대통령 2기 상호관세 부과로 이 나라들도 주춤하게 되었다. 특히 세계 최대 시장인 미국은 시장접근형 오프쇼어링과 리쇼어링의 급증으로 전 세계 투자를 가장 많이 끌어들이고 있다.

경제의 저성장 기조 고착화

한국 경제는 1960년대부터 1990년대 중반까지 30년 이상 7~8퍼센트대의 고도성장을 이루었으나, 이후 20년간 장기성장률이 지속적으로 하락하는 '성장 추락'을 경험하고 있다. 특히 1995년 이후 10년 이동 평균 성장률이 5년마다 1퍼센트씩 하락하며, 2퍼센트대까지 떨어졌다. 이러한 '장기성장률 5년 1퍼센트' 하락 추세는 정권의 성격과 관계없이 지속되었는데, 이는 성장 추락을 야기한 근본적인 원인이 아직 해결되지 않았음을 시사한다. 서울대학교 경제학부 김세직 교수는 이렇게 장기성장률이 1퍼센트포인트씩 규칙적으로 하락하는 현상을 '5년 1퍼센트포인트 하락 법칙'으로 설명했다.[6]

이러한 구조적 저성장의 주요 원인으로는 세계에서 가장 심각한 수준인 저출생·고령화를 들 수 있다. 한국은 2023년 출산율이 세

6 김세직, 「한국경제: 성장 위기와 구조 개혁」, 『경제논집』 제55권 1호, 2016, 3-27쪽.

계 최저 수준인 0.72명까지 하락하고 고령화 속도도 세계에서 가장 빠른 수준이어서 저출생·고령화로 인한 소비 위축이 나타나기 시작했다. 이에 더해 숨막히는 기업 규제로 인해 공장이 급격하게 해외로 빠져나가고 있고, 미국과 달리 리쇼어링은 거의 일어나고 있지 않아서 저성장의 고착화가 더욱 우려된다. 비슷한 이유로 장기 저성장에 빠진 일본을 20년 차이를 두고 그대로 따라가는 형국이다.

여기에 더해서 미·중 패권전쟁으로 대변되는 지정학적 리스크 증대로 인한 세계 경제의 블록화와 고조되는 보호무역주의, 자국 중심주의의 추세는 대외의존도가 높은 한국 경제의 저성장 기조 고착화로 이어지고 있다. 더욱이 팬데믹을 극복하는 동안 세계적으로 각 경제 주체의 부채가 급증한 상황에서 인플레이션을 잡기 위한 금리도 급등하였기에 부채 원리금을 갚는 디레버리징 과정은 보다 고통스럽고 시간이 오래 걸릴 수밖에 없다. 이에 주목한 세계은행은 2020년대는 세계 경제의 잃어버린 10년이 될 수 있다고 경고하기도 하였다. 따라서 포스트 팬데믹 시대에 한국 기업은 사업전략을 수립할 때 이러한 국내외 경제의 저성장 기조 고착화를 감안하여 저성장 시대에 적합한 전략을 수립해야 한다.

산업구조 분석

기업의 사업전략 수립 시에는 앞에서 기술한 거시환경 분석과 함께 미시환경 분석을 하게 된다. 미시환경 분석은 산업구조 분석이 핵심이다. 산업구조 분석의 바이블과도 같은 분석 프레임워크는 전략의 대부

[그림 2-5] 포터의 5세력 산업구조 분석[7]

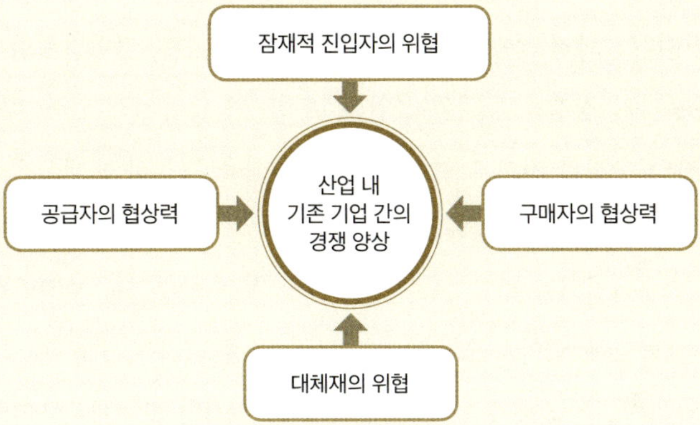

인 하버드 경영대학원 마이클 포터 교수가 제시한 5세력 모델이다.

[그림 2-5]에 나와 있듯이 포터 교수는 5세력 모델에서 산업의 구조를 결정하는 5가지 세력으로 기존 기업 간 경쟁으로부터의 위협, 신규 진입 기업으로부터의 위협, 구매자로부터의 위협, 공급자로부터의 위협, 대체재로부터의 위협을 선정하였다. 이러한 위협의 정도가 높을수록 산업의 구조적인 매력도는 떨어지게 된다. 산업의 구조적인 매력도가 낮다는 이야기는 산업의 평균 수익성이 낮다는 것으로 이해하면 된다.

일반적으로 5세력 중 가장 중요한 것은 기존 기업 간의 경쟁 양

7 Michael E. Porter, "How Competitive Forces Shape Strategy," *Harvard Business Review* 57, March-April 1979, 86-93.

상에서 오는 위협이다. 기존 기업 입장에서 가장 매력적인 산업구조는 경쟁자가 없는 독점, 두 업체만 경쟁하는 복점 내지 소수의 업체만 경쟁하는 과점 상태다. 반면 치킨집이나 커피숍, 편의점처럼 다수의 경쟁자가 경쟁하게 되면 산업의 매력도가 낮아지게 된다. 따라서 경쟁자의 숫자가 기존 기업 간의 경쟁 양상을 결정하는 핵심적인 요인이라고 할 수 있다.

포터 이전에는 주로 기존 기업 간의 경쟁 양상만을 분석하여 산업의 매력도를 파악하였는데, 포터는 이를 확장하여 신규 진입자로부터의 위협, 공급자의 협상력, 구매자의 협상력, 대체재로부터의 위협을 추가하였다. 신규 진입자로부터의 위협은 진입장벽의 이슈로서 진입장벽은 양면적인 성격을 지니고 있다. 기존 기업 입장에서는 어떻게든 진입장벽을 높여서 산업의 매력도를 유지하려고 할 것이지만, 신규 진입을 노리는 기업 입장에서는 진입장벽을 낮추거나 진입장벽이 낮은 산업으로 진입하려고 할 것이다. 이러한 진입장벽의 주요 원천을 보면 진입을 통제하는 정부 규제, 규모의 경제, 원천기술 특허, 유통 장악력 등을 들 수 있다. 21세기 지식 기반 경제가 진전될수록 원천기술 특허 등 지적재산권을 기반으로 하는 진입장벽이 중요해지는 반면, 온라인 쇼핑 등이 활성화되면서 유통 장악력을 기반으로 하는 진입장벽은 낮아지는 경향을 보이고 있다.

공급자의 협상력이나 구매자의 협상력도 산업의 매력도에 중요한 영향을 미칠 수 있다. 공급자의 협상력이 너무 높으면 수요 산업의 매력도는 낮아지는데, 대표적인 경우가 과거의 PC 산업이다. PC

산업에서 마이크로소프트의 윈도우Windows 운영체제와 오피스 프로그램이 압도적인 점유율을 가졌고 인텔의 핵심 반도체인 CPU 마이크로프로세서가 시장 지배적이었기에 이 두 회사는 한때 50퍼센트가 넘는 기록적인 영업이익률을 확보하였다. PC의 원가에서 이 두 회사의 상품이 큰 비중을 차지하였기에 PC업체의 영업이익률은 급감하여 급기야 세계 1등 하던 PC업체 컴팩Compaq과 한국 1등 PC업체였던 삼보컴퓨터가 몰락하게 되었다. 이러한 공급자의 협상력은 마이크로소프트나 인텔처럼 공급업체가 압도적인 시장 지배적 지위를 확보할 경우 높아진다. AI 혁명의 초창기에 반도체 가치사슬에서 압도적인 시장 지배적 지위를 확보한 엔비디아, TSMC, SK하이닉스도 마찬가지로 이들 업체들의 AI 반도체 관련 사업의 영업이익률이 50퍼센트를 넘어가면서 수요 업체의 비용 부담을 가중시켰다.

특히 마이크로소프트의 윈도우 운영체제나 엔비디아의 AI 가속기처럼 전환비용switching cost이 높게 창출되게 되면 공급자의 협상력은 더욱 강해져서 수요 산업의 매력도가 낮아지게 된다. 전환비용은 고객이 대체할 수 있는 제품이나 서비스로 이동할 때 구매비용 이외에 추가적으로 발생하는 비용을 말한다. 예를 들어 1990년대 초반 마이크로소프트의 윈도우 운영체제를 사용하던 고객이 단독 제품으로서는 기술적으로 우월하였던 IBM OS/2로 전환하였다면 어떠한 전환비용이 발생하였을까? OS/2를 구입하는 비용이 드는 것은 물론이고 기존의 마이크로소프트 윈도우를 기반으로 하는 응용 소프트웨어나 주변 기기들과 잘 호환되지 않아, 윈도우 기반 소프트웨어나 주변 기기 중 OS/2에서 작동하지 않는 제품은 버려야 했을 것이다. 더 나아가 OS/2를 기반으로 하는 응용 소프트웨어와 주변 기기를 별도로 구매해야 하는 재무적 전환비용이 발생하였을 것이다. 그런데 OS/2의 고객 기반이 작아서 응용 프로그램과 주변 기기의 개발업자들은 OS/2용 제품 개발에 소극적이었다. 이 때문에 고객이 OS/2로 전환하게 되면 사용 가능한 소프트웨어나 주변 기기의 선택 폭이 크게 제한되는 문제도 발생하였다. 설사 OS/2용 프로그램이 존재한다 하더라도 OS/2 자체의 사용법은 물론 응용 프로그램의 사용법을 별도로 익혀야 하는 학습 비용도 주요한 전환비용이었다. 이로 인해 IT 산업의 지존 IBM이 사운을 걸고 밀었음에도 OS/2는 참패하여 퇴출당하였다. 반면 마이크로소프트는 1980년대 이후 현재까지 압도적인 시장 지배력을 바탕으로 높은 이익을 향유해 왔다.

엔비디아가 자사의 GPU의 지배력을 높이기 위해 '쿠다'라는 GPU 기반의 프로그램 개발 플랫폼을 보급해 온 것도 전환비용을 높이기 위한 노력이었다. 이러한 엔비디아의 전환비용 창출 전략은 AI 혁명 시대에 특히 빛을 발하여 AMD 등 경쟁업체들이 성능이 우수한 AI 가속기를 개발해도 쿠다에 익숙한 소프트웨어 개발자들은 쉽사리 AMD 등으로 넘어가지 않았다. 쿠다를 오랫동안 사용해 와서 익숙하기에 타사 제품으로 전환 시에는 학습 비용이 발생하는 데다가 기존에 쿠다 기반으로 이미 작성해 놓은 프로그램들을 활용할 수 없게 되기 때문이다.

반대로 구매자의 협상력도 중요한데 특히 구매자가 시장 지배적인 독과점 구조를 가지고 있으면 공급자 산업의 매력도는 낮아지기 마련이다. 한국의 병원 산업이 좋은 예이다. 의료보험공단이라는 독점적 구매자가 의료 수가를 결정하기에 서울대학교 병원 같은 최고 수준의 병원도 이익을 많이 내기 어려운 구조이다. 반면 민간 보험이 활성화되어 있는 미국의 경우에는 이익을 많이 내는 병원도 나오고 있다.

마지막으로 대체재의 위협도 고려해야 한다. 대체재란 기존 상품과 동일한 기능을 수행하지만 가격이 싸거나 성능이 우월한 상품을 의미한다. 예를 들면 음악 청취 수단으로서 레코드판을 대체한 CD, CD를 대체한 MP3나 인터넷 스트리밍 서비스가 대체재라고 할 수 있다. 대체재의 위협이 커질수록 산업의 매력도는 낮아지게 된다.

[그림 2-6]은 식품 산업의 5세력 분석의 예시이다. 이 그림을 보면 현재 시점과 미래의 특정 시점을 기준으로 5세력을 분석하여 산업 수익성에 대한 위협의 정도가 어떻게 변화하는지를 강–중–약으로 간략하게 분석하였다. 산업 수익성에 대한 위협의 정도가 강하다는 것은 매력도가 낮아진다는 의미이다.

산업 분석에 있어서 추가적으로 고려해야 할 사항은 산업수명주기의 분석이다. [그림 2-7]에 나와 있듯이 제품이나 산업은 사람의 일생처럼 도입기–성장기–성숙기–쇠퇴기의 진화 과정을 거치는 경향이 있다. 도입기에는 아직 제품이나 기술의 표준이 정립되어 있지 않으며 소비자들도 가격에는 둔감하고 최신 기능에 열광하는 소위 조기 수용자early adoptor 위주로 구성되어 있다. 하지만 성장기에 접어들면 대량 수요가 형성되기 시작하고 제품이나 기술의 표준도 정립되어 대량생산 역량을 기반으로 원가경쟁력을 확보하는 기업들이

[그림 2-6] 포터의 5세력 분석의 예시(식품 산업)

잠재적 진입자의 위협 (화장품·제약·바이오)

현재 (중)	미래 (중)
• OEM 생산·공급 • 다단계·통신 판매 중심 • 식품 규제 강화 • 가공식품 이미지 저하	• 기술 융합을 통한 직생산 • 전문점·약국 유통 • 건기식 시장 혼란 • 식품의 안전성과 기능성 제고

공급자의 협상력 (원료회사·자원보유국·딜러)

현재 (약)	미래 (중)
• 영세한 공급업체 난립 • 수직 계열화(계열 중심) • 원료 관심도 미미 • 자원 희소성 이슈화 미흡	• 자원 보유국 위상 강화 • 원료 관여도 상승 • 경쟁력 있는 원료의 필요성 • 대체원료·구매지 다원화

산업 내 기존 경쟁 (가공식품)

현재 (강)	미래 (강)
• 저성장 지속 • 업종 파괴·사업 다각화 • 대표 기업 독점적 지위 • 품질 차별성 소멸	• 고부가·기능성 제품 증가 • FTA 등 새로운 경쟁 상황 • 먹거리 가공식품화 진전 • 식품 안전성 문제 완화

구매자의 협상력 (유통업자·소비자)

현재 (강)	미래 (강)
• 유통업체 대형화 • 매출과 수익·최저가 요구 • 소비자 단체의 압력 강화	• 후방 통합 가능성 고조 • 생산 변경·판촉 요구 • 식품 기술 차별성 소멸

대체재의 위협 (외식·비가공식품·건강보조식품)

현재 (중)	미래 (강)
• 욕구 충족형 • 다양성 중심의 외식 사업 • 비용 발생의 불가피성 • 간편성 중심	• 목적·가치 지향형 • 가치 추구형 외식 증가 • 고객 맞춤형 대체재 출현 • 차별성·기능성 중심

[그림 2-7] 산업수명주기와 전략 변화

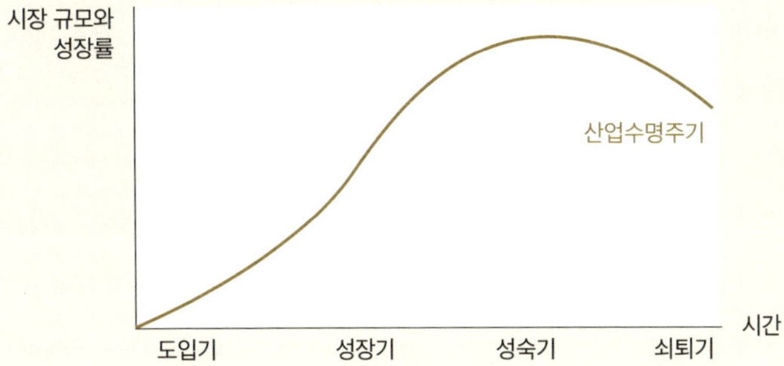

두각을 보이게 된다. 성숙기에 접어들면 대량 수요가 본격적으로 터져서 원가경쟁력이 핵심이 된다. 역사를 보면 도입기에 잘했던 기업이나 국가가 성장기에 몰락하고 성장기에 잘했던 기업이나 국가가 성숙기에 몰락하면서 새로운 강자가 떠오르는 현상이 자주 나타나고 있다. 따라서 기업은 특정 산업이나 제품이 수명주기의 어느 단계에 있는지를 파악하여 각 단계에 적합한 전략을 구사해야 한다.

핵심역량 분석: 핵심에 집중하고 핵심을 확장하라[8]

경영전략에서는 경쟁자가 쉽게 모방할 수 없는 자신만의 차별화된 역량을 핵심역량core competence이라고 한다. 핵심역량은 보통 기업의 주력 비즈니스인 핵심사업에서 확보되기 마련이다. 핵심역량이라는 용어는 기업이 직면한 외부 환경의 변화가 극심해지고 글로벌 경쟁이 심화된 1990년대 이후부터 본격 사용되기 시작하여 최근에는 경영전략의 가장 기본적인 개념으로 자리매김하였다. 그런데 아직도 많은 경영자들은 자신이 경영하는 기업의 핵심역량이 무엇인지를 파악하는 데 큰 어려움을 겪는다. 필자가 기업인들을 대상으로 강의를 하거나 이야기를 나누면서 "귀사의 핵심역량은 무엇입니까?"라고 질문을 하면 엉뚱하게 답을 하거나 아예 답을 못 하는 경우가 태반이다. 그러면 기업의 핵심역량은 구체적으로 무엇이고 어떻게 파악해야 하며, 핵심역량에 기반한 전략 수립은 어떻게 해야 하는가?

핵심역량과 VRIO 분석

기업이 보유하고 있는 자원과 역량이 그 기업의 핵심역량이 되기 위해서는 다음의 4가지 요건을 충족하여야 한다. 첫째, 경쟁자보다 우월하게 고객 가치를 향상시킬 수 있어야 한다. 즉 매우 가치 있어야 valuable 한다. 둘째, 대상 자원이나 역량이 매우 희소해서rare 외부 시장에서 쉽게 확보할 수 없어야 한다. 셋째, 경쟁자가 내부적으로 모방하기 힘들어야inimitable 한다. 넷째, 부분적으로는 외부 시장에서 확보하였어도 조직 내부에 체화되어 그 기업의 내부 자원과 역량, 경영

8 이 절의 내용 일부는 다음 책을 기반으로 작성했다. 송재용, 스마트 경영(21세기북스, 2011).

더 보기

코웨이의 핵심역량

웅진그룹 계열사였던 웅진코웨이(현 회사명은 코웨이)는 정수기를 제조, 판매하던 회사였다. 그런데 외환위기로 인해 고가의 내구재인 정수기의 1998년 매출액이 전년 대비 3분의 1 정도 급감했다. 이러한 위기 상황에서 웅진그룹과 웅진코웨이의 경영진은 "왜 고객들이 정수기를 안 사는 것일까? 외환위기를 맞아서 더 안 사는 것일까?" 하는 근본적인 질문을 던졌다.

경영진이 내린 결론은 고가의 내구재라서 외환위기로 경제적으로 어려워진 고객들이 지갑을 닫아 정수기 매출이 급락했다는 것이었다. 여기에 더해 외환위기 이전에도 정수기는 잠재 수요에 비해 매출 성장이 느렸는데, 그 이유는 정수기는 필터 관리가 중요하였지만 대부분의 고객들은 필터 관리를 어려워하거나 귀찮아했고 외부 전문 필터 관리 대행 회사들은 고객 입장에서 볼 때 너무 비싼 서비스 금액을 받았다는 것이었다.

이러한 비즈니스 모델상의 문제점을 파악한 경영진은 외환위기의 와중에 생산-판매라는 전통적인 비즈니스 모델을 '생산-렌털-서비스'라는 비즈니스 모델로 바꾸어 일대 혁신을 도모했다. 이러한 비즈니스 모델 혁신은 대성공을 거두어 8년 만에 매출 20배 신장의 신화를 기록했고, 이렇게 코웨이는 정수기 시장을 획기적으로 키워 독보적인 1등 기업이 되었다. 60개월 렌털을 할 수 있게 되다 보니 고객 입장에서는 목돈이 들어가지 않았다. 더욱이 코웨이가 외환위기의 와중에 소득이 줄어들거나 남편이 실직하여 취업 시장에 뛰어든 주부들을 선별하여 '코디 서비스 네트워크'를 구축한 결과, 고객 접점에서 메이커가 합리적인 가격으로 전문적인 필터 관리 서비스를 제공할 수 있게 됨으로써 폭발적인 고객 호응을 이끌어 냈다.

이러한 코웨이의 대성공을 보면서 생활가전의 최강자 LG전자 등이 코웨이의 주력 상품 영역인 정수기 사업에 뛰어들었지만 코웨이는 특유의 핵심역량을 기반으로 1등 지위를 고수하면서 매출과 이익 신장을 꾸준히 이루어 내는 우량기업으로 계속 자리매김해 왔다. 지속 가능한 경쟁우위로 이어진 코웨이의 핵심역량을 분석해 보면 무엇보다도 코디 서비스 네트워크를 들 수 있다. VRIO분석을 해보면 고객 접점에서 합리적인 가격으로 전문적인 필터 관리 서비스를 제공해 주는 코디 서비스 네트워크는 고객 가치를 획기적으로 높여 주었다. 이처럼 고객 접점에서 서비스를 제공하는 회사들에는 아모레퍼시픽이나 암웨이의 방문판매 조직 등이 있었지만 이들 회사는 자사 제품에 주력할 뿐 외부에 망을 빌려주지 않아서 외부 시장에서는 이러한 서비스망을 확보하기가 어려웠다.

LG전자는 내부적으로 이러한 서비스망 구축을 하였지만 코웨이만큼 효율적으로 운영하지는 못하였다. 코웨이의 경우에는 웅진그룹의 주력 사업 중 하나가 웅진씽크빅이라는 학습지 사업이었다. 코웨이는 학습지의 서비스 조직을 운영하면서 온갖 역량과 노하우를 축적하였기에 정수기의 비즈니스 모델을 비슷한 형태로 전환하는 것이 용이하였지만, LG전자의 경우에는 그렇지 못하였다. 따라서 VRIO 분석을 해보면 어떻게 코웨이가 정수기 시장에서 20년 넘게 독보적인 1등 지위를 유지하는지, 코웨이의 핵심역량이 무엇인지를 잘 파악할 수 있다.

시스템, 조직문화와 잘 조화를 이루어야organization-specific 한다. 따라서 특정 기업의 핵심역량 분석을 이 네 가지 요건의 영문 앞 글자를 따서 흔히 VRIO 분석이라고도 한다.

핵심역량을 파악하는 프로세스와 원칙

그러면 기업의 핵심역량을 보다 쉽게 파악하기 위해서는 어떠한 프로세스와 원칙을 따라야 하는가?

업의 개념을 먼저 파악하라

기업의 핵심역량을 파악하기 위해서 가장 먼저 해야 할 일은 '업의 개념'을 파악하는 것이다. 업의 개념 내지 업의 본질이란 그 산업에서 성공하고 1등이 되기 위해 가장 중요한 요건, 즉 산업 차원의 핵심 성공 요소key success factor, KSF를 말한다. 예를 들어 D램이 대표적인 상품인 전통적인 메모리 반도체 산업의 경우 제품은 차별화가 쉽지 않은 범용재적인 성격이 강하다. 이 때문에 원가경쟁력 확보가 업의 개념으로 매우 중요하다. 원가경쟁력을 확보하기 위해서는 대규모 생산설비를 통해서 규모의 경제를 달성하는 한편으로 수율yield rate을 높이는 것이 중요하다. 수율을 높인다는 것은 불량률을 줄여서 양품의 반도체를 보다 많이 생산해 낸다는 의미이다. 메모리 반도체의 경우 약 30~60일의 기간 동안 수백 개의 복잡한 공정을 거쳐서 제품이 생산되는 데다가 원재료가 비싸다. 이 때문에 수율이 원가구조에 결정적인 영향을 미치게 된다. 하지만 화장품 산업의 업의 개념은 메모리 반도체 산업과는 판이하게 다르다. 화장품 산업에서는 고객의 주목을 받기 위한 차별적인 신상품 개발과 마케팅, 유통경로 확보 등이 중요하지, 수율은 그리 중요한 개념이 아니다.

여기에서 한 가지 주의해야 할 점은 기존 산업에서도 고객의 니즈나 기술적 특성, 제품수명주기product life cycle 등 외부 환경의 패러다임이 변화해 감에 따라 업의 개념이 변화한다는 것이다. 따라서 기업은 주기적으로 업의 개념에 변화가 있는지를 파악해야 한다.

예를 들어 메모리 반도체 산업의 업의 개념은 인텔이 D램 시장의 70~80퍼센트를 장악하고 있던 1970년대까지만 해도 차별적인 설계 기술을 기반으로 고객 맞춤형 제품을 설계하여 제공하는 전문재specialty goods 산업이었다. 1970년대까지는 제품수명주기의 도입기에 해당하였기에 소비자들은 가격에는 둔감한 반면 차별적인 기능에 보다 관심을 보이던 시기였다.

하지만 1980년대에 들어서면서 제품수명주기의 성장기, 성숙기로 산업이 진화하면서 PC 산업 등에서 대량 수요가 터지고 가격에 훨씬 민감한 고객들이 대세를 이루게 되었다. 또한 기술이 표준화되면서 고객들은 표준화된 D램의 특성을 잘 이해하여 자신들의 제품을 설계할 수 있게 되었다. 이에 따라 메모리 반도체는 급격히 범용재화되었고 원가경쟁력 확보가 가장 중요한 업의 개념으로 변화하였다. 이러한 업의 개념의 변화를 먼저 파악하여 NEC, 도시바Toshiba, 히타치Hitachi 등 일본의 종합전자업체들은 대규모 설비투자를 단행하였다. 일본 업체들은 후발 기업이었지만 양산 기술력과 수율 향상 능력을 인텔보다 훨씬 우월하게 확보함으로써 인텔을 제치고 세계 시장을 석권하게 되었다. 이로 인해 D램의 창시자로서 1970년대까지만 해도 세계 시장의 70퍼센트 이상을 장악하고 있던 인텔은 1980년대 중반에는 세계 시장점유율이 1퍼센트대로 급락하는 비운을 맞았다. 인텔은 결국 D램 시장에서 자의 반, 타의 반으로 철수하게 되었다. 제품수명주기가 성장기, 성숙기로 진화하면서 업의 개념이 크게 변화하였음에도 현실에 안주하면서 새로운 업의 개념에 맞는 양산 기술력과 수율 향상 노력을 등한시했기 때문이다.

최근 AI 혁명이 본격화되면서 엔비디아의 AI 가속기가 핵심이 되었는데, 엔비디아의 AI 가속기가 제대로 작동하기 위해서는 D램을 8단 내지 12단으로 적층하는 HBM이 중요해졌다. HBM은 범용재적 성격의 기존 레거시legacy D램과는 달리 고객에게 맞춤형으로 설계하는 전문재의 특징을 다시 지니게 되었다. HBM이 부상하면서 삼성전자와는 달리 이와 관련된 선행 연구를 꾸준히 해온 SK하이닉스가 HBM3 시장에서 삼성전자를 제치고 최강자로 부상하였다. 한 단계 업그레이드된 HBM4 단계에서는 로직 다이logic die 부분을 더욱더 고객 맞춤형으로 설계하고 제작해야 하기에 SK하이닉스는 로직 다이 설계와 제작 관련 역량이 뛰어난 TSMC와 제휴를 하였다.

이처럼 업의 개념은 상대적이면서도 동태적이라는 점에 유념해야 한다. 산업에 따라서 업의 개념은 달라질 수밖에 없기에 상대적이고, 동일 산업에서도 제품수명주기, 고객 특성의 진화 등으로 인해서 업의 개념이 변화하기에 동태적이다.

업의 개념을 구현하기 위해 요구되는 자원, 역량, 시스템을 파악하라

이처럼 업의 개념이 상이하면 이를 달성하기 위해 요구되는 기업의 자원과 역량, 경영 시스템, 조직문화도 달라지기 마련이다. 예를 들면 메모리 반도체 산업에서는 대규모 생산시설을 확보하여 규모의 경제를 달성하기 위한 자본력이 중요하다. 다른 한편으로, 수율을 높이기 위한 공정기술력, 최신 장비, 엔지니어와 오퍼레이터의 숙련도와 정성, 프로세스 관리 역량 등이 확보해야 할 주요한 역량이 된다. 반면 화장품 산업에서는 원료를 잘 배합하는 차별적 상품 개발력, 마케팅 및 광고 역량 등이 중요하게 된다. 따라서 핵심역량을 파악하기 위해서는 먼저 업의 개념을 구현하기 위해서 요구되는 자원, 역량, 경영 시스템, 조직문화 등의 리스트를 작성하는 것이 필요하다.

벤치마킹을 통해서 핵심역량을 규명하라

두 번째 단계로 업의 개념을 충족시키기 위해서 필요한 자원, 역량, 시스템과 조직문화 등이 파악되면 3단계 작업으로 경쟁사와의 벤치마킹을 통해 자사의 상대적인 강·약점을 파악하는 것이 필요하다. 업의 개념 측면에서 중요한 역량은 고객 가치를 차별적으로 높일 수 있는 역량인데, 자사가 주요 경쟁자에 비해 확실히 강점이 있고 그게 지속 가능하다면 이러한 역량이 바로 핵심역량이다. 예컨대 메모리 반도체의 수율을 높이기 위해서는 공정 기술력과 직원들의 숙련도, 전체 제조 프로세스에 대한 관리 역량이 중요하다. 이 부분에서 특정 회사가 경쟁자가 쉽게 모방하기 힘든 강점을 가지고 있다면 그것이 바로 그 기업의 핵심역량이다.

핵심역량 파악과 가치사슬 분석

기업의 핵심역량을 보다 쉽게 파악하기 위해서는 기업 활동을 의미 있는 단위로 분류하는 가치사슬value chain을 분석할 필요가 있다. [그

[그림 2-8] 제조업의 가치사슬 분석

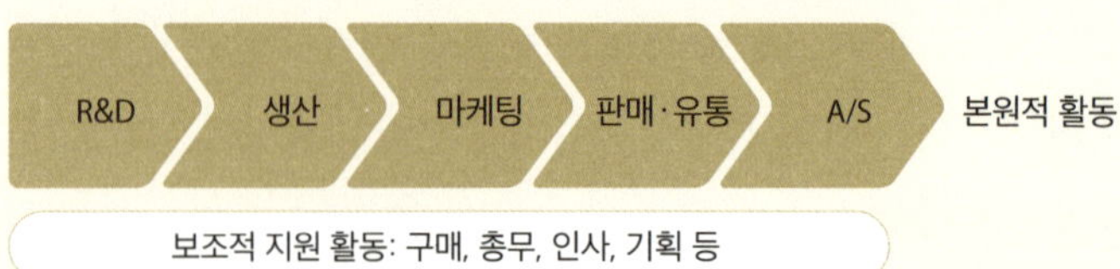

림 2-8]에 나와 있듯이, 제조업의 가치사슬을 크게 분류하면 R&D, 생산, 마케팅, 판매와 유통, A/S로 이루어지는 주 가치사슬과 인사, 기획 등의 보조적 가치사슬로 나눌 수 있다. 핵심역량은 이러한 가치사슬에 속한 각 가치활동의 특정 부분에 체화되어 있을 가능성이 높다. 예를 들어 반도체 산업의 업의 개념 중 가장 중요한 수율은 가치사슬 중 미세가공 공정기술 개발과 생산 부문에서 주로 결정되는데, 삼성전자와 SK하이닉스는 이 부분에서 차별적인 강점을 쌓아 핵심역량을 확보하였다.

가치사슬 측면에서 핵심역량을 파악하기 위한 두 번째 단계는 가치활동 간의 연계성에서 경쟁자가 쉽게 모방할 수 없는 차별화된 강점이 있는지를 파악하는 것이다. 예컨대 도요타를 필두로 한 일본 자동차 업체의 핵심역량은 신차 개발 과정에서 R&D와 생산, 부품 업체 간의 긴밀한 연계(이를 동시공학concurrent engineering이라고 한다)를 통해 개발 속도를 높이는 한편 조립하기 쉬운 신차를 개발하는 것이었다. 마지막으로, 핵심역량은 전사적인 사업구조, 경영 시스템, 조직문화를 기반으로 나오기도 한다. 기업 집단이 사업의 복합화를 통해 창출하는 시너지가 한 유형이다. 또한 도요타 사례에서 보듯이 전방위적으로 학습이 발생하는 새로운 유형의 경영 시스템을 성공적으로 정착시켰을 때 경쟁자가 모방하기 가장 어려운 핵심역량이 창출된다.

핵심역량에 기반한 전략 수립의 원칙

이와 같이 기업의 핵심역량과 핵심사업이 파악되면 기업은 핵심역량과 핵심사업을 기반으로 전략을 수립하게 된다. 경영자들은 흔히 핵심역량은 물론 경쟁자에 비해 취약한 핵심 약점 영역 역시 잘 파악해 놓고도 정작 전략은 잘못된 방향으로 수립하는 우를 범한다. 핵심역량이 파악되면 최우선적으로 이를 최대한 활용하고 강화하는 방향으로 전략을 수립하는 것이 원칙이다. 그럼에도 핵심 약점을 보완하는 데만 전략의 우선순위를 두는 것이 잘못된 방향의 대표적인 예이다. 경쟁전략의 가장 중요한 명제인 차별화는 핵심역량을 가지고 할 수 있지, 약점을 기반으로 할 수는 없는 것이다. 또한 약점 영역의 경우 적은 시간과 비용으로 쉽게 보완이 가능하다면 내부적으로 보완을 해야 할 것이다. 하지만 약점을 보완하는 데 많은 시간과 비용이 들어간다면 이 부분에 강점이 있는 외부 기업과의 전략적 제휴나 아웃소싱을 통해 보완하는 것이 최소한 단기적으로는 보다 유효한 전략인 경우가 많다.

애플의 아이폰 사례를 보자. 애플은 PC를 핵심사업으로 할 때부터 수십 년간 갈고닦아 와서 확실한 강점이 있는 세계 최고 수준의 유저 인터페이스user interface 기술과 디자인 역량을 보유한 회사다. 그들은 이를 십분 활용하는 차별적인 제품 설계와 디자인뿐만 아니라, 운영체제 등 소프트웨어 개발 역량 및 IT 제품 마케팅 역량을 계속 발전시키면서 차별적 핵심역량에 집중하고 있다. 반면 제품 생산은 대만계 위탁생산 업체인 폭스콘Foxconn 등에 맡겼고, 주요 부품은 삼성전자, SK하이닉스, LG디스플레이 등 한국이나 일본, 대만 업체들에 의존해 왔다. 이처럼 애플이 세계 최고의 IT 기업으로 등극하게 된 이면에는 자사의 핵심역량에만 자원을 집중하면서 잘하지 못하는 영역은 전략적 제휴 및 아웃소싱을 적극 활용하여 경쟁력을 강화해 온 전략적 선택이 있었다.

핵심역량을 활용한 성장 전략 수립

이러한 핵심역량의 개념은 성장 전략을 수립할 때도 매우 중요하다. 기업이 성장을 도모할 수 있는 전략 대안으로는 크게 3가지를 들 수 있다. 첫째, 설비 신증설, 혁신적인 신상품과 기술, 비즈니스 모델, M&A를 통해서 기존의 핵심사업 내지 주력 시장에서 시장점유율을 높인다. 둘째, 해외 시장 진출 등으로 시장을 지역적으로 확장한다. 셋째, 핵심을 재정의하여 새로운 사업 영역으로 신규 진출한다.

이러한 전략 대안 중 어느 것 하나 쉽게 달성할 수 있는 것은 없다. 핵심역량의 강화와 활용만이 특정 대안의 성공 확률을 높일 수 있는 유일한 길이다. 이 3가지 대안 중 가장 기본은 첫 번째 대안이다. 즉 기존의 핵심사업에 전력하여 핵심역량을 강화하고 이를 바탕으로 점유율을 끌어올리는 것이다. 자신의 핵심역량이 축적되어 있는 핵심사업에서 잠재적인 성장 기회를 모두 탐색하여 추구한 후 더 이상 핵심사업에서 성장동력을 찾는 것이 힘들다고 판단될 때 비로소 핵심의 확장과 재정의를 도모해야 할 것이다. 특히 외부 환경상의 불확실성 정도가 높을수록 세 번째 대안인 신사업 진출은 신중해야 한다.

다음 장에서 집중적으로 조명하겠지만 신규 비즈니스 진출을 도모할 때 가장 중요한 성공 요건은 기존 핵심사업과 신사업의 업의 개념이 유사하여 자신이 특정 산업에서 축적한 기존의 핵심역량을 신사업에도 성공적으로 이전, 활용할 수 있는지의 여부이다. 기존의 핵심사업에서 축적한 핵심역량이 신사업으로 이전될 확률이 높으면 높을수록 신사업의 성공 확률도 높아지기 때문이다. 따라서 핵심을 확장할 때 최우선 순위는 고객, 유통망, 제품 등의 측면에서 핵심사업과 바로 인접한 영역부터 찾아보는 것이다. 인접한 영역일수록 업의 개념이 유사하여 기존의 핵심사업에서 축적한 역량이나 시스템, 조직문화의 이전 가능성이 높을 것이기 때문이다.

예를 들면 애플은 신사업으로 사업을 확장하는 과정에서 운영체제나 유저 인터페이스의 기술력, 디자인 역량 같은 기존 핵심역량이 가장 잘 이전될 수 있는 관련 분야인 MP3 플레이어, 스마트폰 등을 골랐다. 특히 스마트폰은 휴대폰의 통신 기능과 컴퓨터의 애플리케이션 기능이 결합된 상품이었기에 애플이 컴퓨터 사업에서 축적한 역량을 이전하기에는 안성맞춤의 상품이었다.

반면 반도체 산업의 지존이었던 인텔의 경우 업의 개념이 유사한 통신용 반도체 산업에는 성공적으로 진입하였다. 하지만 업의 개념이 상이하였던 통신 장비, 휴대용 정보 가전제품, 인터넷 호스팅 서비스 등 여타 부문 진출에는 수조 원의 돈을 쏟아부었음에도 참담하게 실패하여 철수하고 말았다. 업의 개념이 상이하여 기존 반도체 산업에서 축적한 핵심역량, 경영 시스템, 조직문화의 이전 가능성이 적은 것을 간과하였기 때문이다.

또한 혼다가 자동차, 제트스키, 로봇, 잔디 깎는 기계 등 상이해

보이는 다양한 제품군에서 성공한 이유는 이러한 제품들이 공히 엔진 기술과 모터 기술을 핵심 기술로 요구하였기 때문이다. 캐논의 경우에도 세계 최고 수준의 광학 기술, 정밀기계 기술, 전자 기술을 바탕으로 그 기술들이 필요한 카메라, 복사기, 프린터, 팩스, 반도체 장비 분야에서 성공할 수 있었다. 혼다와 캐논이 성공적으로 신사업에 진출한 사례에서 공통점을 찾아보면, 사업 도메인과 역량 측면에서 핵심을 확장하는 방향으로 신사업을 발굴하여 진출한 데서 성공 요인을 찾을 수 있다.

핵심역량도 진화해야 한다

이러한 사례들을 통해서 보건대 기업이 수익성을 동반한 성장을 도모하기 위해 가장 중요한 것은 자신의 핵심역량을 잘 파악하여 기존의 핵심사업에서 그 역량을 보다 강화하면서 이를 바탕으로 차별화하거나 업종의 성격이 유사한 신규 사업으로 핵심역량을 이전, 활용하는 것이다. 특히 최근 우리가 경험하였던 글로벌 경제위기와 같은 극심하게 불확실한 상황일수록 일단은 자신의 핵심사업과 핵심역량 위주로 사업을 전개하고 자원을 집중시키는 것이 원칙이다. 다만 여력이 있어서 신사업을 찾는다면 업의 개념이 유사하여 기존 사업에서 축적한 핵심역량, 조직문화, 경영 시스템의 이전이 용이하고 기존 사업과 시너지가 있는 분야로 국한하는 것이 올바른 전략적 사고일 것이다.

업의 개념은 시대의 변천에 따라 변화하기 마련이다. 업의 개념이 변화하면 기존의 핵심역량이 더 이상 핵심역량이 되지 못하고 오히려 새로운 업의 개념에 부합하는 방향으로의 변화를 가로막는 족쇄 내지 핵심경직성core rigidity의 원천이 될 수도 있다. D램 산업에서 퇴출당한 인텔의 사례에서 보듯이, 성공한 기업일수록 성공한 상품이나 기술을 중심으로 역량을 구축하게 되어 역량 기반의 다양성이 시간이 갈수록 줄어들게 된다. 게다가 기존의 핵심역량을 차별적으로 보유하여 조직 내에서 승진, 출세한 기득권층은 기존 역량을 축소하거나 포기하거나, 혹은 새로운 역량을 확보하는 일에 저항할 가능성이 높다.

이 때문에 한 시대를 풍미하였던 선도 기업은 업의 개념이 변화하게 되면 더 이상 선도 기업의 지위를 유지하지 못하고 역사의 뒤안길로 사라지는 경우가 많이 생긴다. 반면 패러다임 변화에 잘 대응하여 새로운 업의 개념이 요구하는 역량, 시스템, 조직문화, 인재를 먼저 확보한 도전자나 후발 기업들이 새로운 강자로 부상하는 일이 역사적으로 빈번하게 발생해 왔다.

예를 들어 아날로그 기술에서 디지털 기술로 전자산업의 패러다임이 대격변하는 상황에서 아날로그 제품의 지존이었던 소니는 아날로그 제품을 너무 오래 붙들고 있었다. 소니의 아날로그 제품이 고가로 너무 잘 팔렸기 때문이었다. 그러다가 디지털 시대에 부합하는 제품과 기술, 역량, 시스템 개발에 먼저 올인하였던 삼성전자에 덜미를 잡힌 것도 이러한 맥락에서 이해할 수 있다.

또한 휴대폰 산업이 통화 기능만이 중시되는 전통적인 피처폰feature phone에서 애플리케이션의 활용과 컴퓨팅 기능이 중시되는 스마트폰으로 크게 변화하는 과정에서 피처폰 시장의 전통 강자인 노키아, LG전자, 모토롤라 등이 현실에 안주하면서 스마트폰 시장에 맞는 비즈니스 모델과 기술 개발을 늦추었다. 그 결과 기존의 휴대폰 업체들이 큰 어려움을 겪고 애플이 최대 강자로 부상하게 된 과정도 비슷한 맥락이라고 할 수 있다.

AI 혁명의 초창기에 HBM 시장에서 SK하이닉스에 추월당하면서 어려움을 겪었던 삼성전자 메모리 반도체의 사례도 비슷한 경우라고 볼 수 있다. 메모리 반도체 시장에서 30년 이상 1등을 차지하다 보니 조직에 관료주의와 단기성과주의가 만연하면서 차세대 기술인 HBM이나 첨단 패키징advanced packaging 관련 선행 연구를 소홀히 한 것이 삼성전자의 어려움으로 이어진 것이다.

따라서 기업이 장수 기업이 되고 지속적으로 발전하기 위해서는 항상 기존 핵심사업에서 패러다임 변화에 따른 업의 개념의 변화 방향을 미리 예측하여 미래의 새로운 업의 개념에 필요한 역량을 신속하게 확보할 수 있어야 한다. 이러한 전략적 민첩성을 확보하기 위해서는 보다 유연하고 개방적인 경영 시스템과 조직문화 구축이 필요하다. 미래에 새로이 요구되는 역량을 신속하게 확보하기 위해서는 M&A와 전략적 제휴, 그리고 관련 역량을 가진 기업과의 협업을 기반으로 하는 개방적 혁신open innovation 시스템을 구축하는 노력도 필요하다.

경쟁자를 잘 파악하여 경쟁전략을 수립하라

사업전략 수립 과정에서는 경쟁자를 잘 분석하는 것도 중요하다. 사업전략을 경쟁전략이라고도 하는 이유이다. 앞에서 언급한 5세력 분석에서도 기존 기업 간의 경쟁 양상이 보통 가장 중요하게 산업의 매력도를 결정하는 요인이다. 따라서 사업전략 수립 시에는 경쟁자를 잘 파악하고 주요한 경쟁자와의 경쟁 다이내믹스를 분석하는 작업이 필요하다. 이를 바탕으로 경쟁전략을 수립하게 되는데 경쟁전략에는 차별화 전략, 원가우위 전략, 집중화 전략이 있다.

경쟁자와 경쟁 다이내믹스에 대한 분석

경쟁자를 분석하기 위해서는 먼저 경쟁자의 특성을 잘 이해해야 한다. 경쟁자의 전략적 비전과 목표가 무엇인지, 경쟁자는 어떠한 성과 지표를 중시하는지를 먼저 파악해야 한다. 매출액이나 시장점유율을 중시하는 경쟁자와 수익성을 중시하는 경쟁자는 전략적 우선순위와 접근 방식이 다르기 마련이다. 자사가 공격적으로 가격을 낮추면서 경쟁자의 매출과 시장점유율을 잠식하는 전략을 구사할 때 매출액과 시장점유율을 중시하는 경쟁자라면 가격을 인하하면서 강력하게 맞대응할 것이다. 반면 수익성을 중시하는 경쟁자라면 수익성을 갉아먹는 강대강 대응으로 동반 가격 인하에 나서기보다는 이전투구식 가격 경쟁을 회피하는 방향으로 차별화를 시도하거나 가격 경쟁에 직면하지 않은 시장으로 이동할 가능성이 높다.

경쟁전략 관점에서는 경쟁자가 차별화를 추구하는 경쟁자인지, 원가우위를 추구하는 경쟁자인지를 파악하는 것이 중요하다. 또한 경쟁자가 특정 시장에만 집중하고 있는지, 광범위한 시장을 향하고 있는지를 파악해야 한다. 자사와 경쟁하는 제품 및 시장이 경쟁자에게 얼마나 중요한 시장인지도 파악해야 한다. 경쟁자에게 중요한 시장일수록 경쟁자는 그 시장을 지키기 위해서 최선을 다할 것이지만, 경쟁자에게 별로 중요하지 않은 시장이라면 자사가 공격적으로 나갈 때 쉽게 포기할 수도 있기 때문이다. 경쟁자의 자원과 역량 측면의 강·약점 분석도 경쟁자 분석에서 중요하다.

이처럼 경쟁자를 다각도로 파악하게 되면 이를 바탕으로 경쟁 다이내믹스에 대한 분석을 진행해야 한다. 경쟁 다이내믹스 분석이란 자사의 전략에 경쟁자는 어떻게 맞대응을 할 것인지를 예상하여 시나리오를 짜고 각 예상 시나리오별로 자사의 후속 대응 시나리오를 만들어 놓는 것이다. 좋은 경쟁전략이란 바둑으로 비유하면 두 수 앞을 내다보고 대응 전략을 만드는 것이다. 이러한 경쟁 다이내믹스 분석에서는 경제학에서 발전시켜 온 게임 이론game theory이 유용하게 활용될 수 있다.

본원적 경쟁전략의 유형

[그림 2-9]에 나와 있듯이 마이클 포터는 전략적 우위의 원천에 따라서 본원적 경쟁전략의 유형을 차별화 전략과 원가우위 전략으로 구분하였다. 포터 교수는 차별화 전략을 경쟁자와는 차별적으로 고

[그림 2-9] 포터의 본원적 경쟁전략

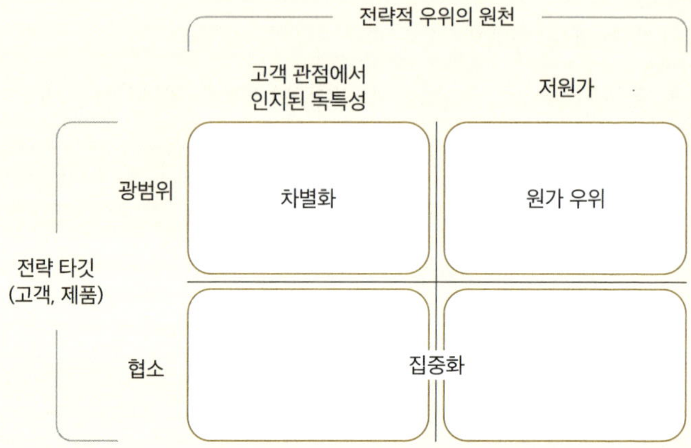

객 가치를 창출해 주는 독특성을 확보하는 전략이라고 규정하였다. 원가우위 전략이란 저원가 경쟁력 확보를 기반으로 경쟁자보다 낮은 가격에 상품이나 서비스를 공급하는 경쟁전략이다. 또한 포터 교수는 전략적 타깃 시장의 범위 관점에서 특정 틈새 시장만을 공략하는 전략을 집중화 전략이라고 규정하였다. 집중화 전략의 경우도 차별화를 기반으로 한 집중화와 저원가를 기반으로 한 집중화로 나눌 수 있다.

포터 교수는 차별화를 하려면 확실히 차별화하고, 원가우위를 추구하려면 확실히 원가우위만을 모색해야 좋은 경쟁전략이라고 했다. 차별화를 추구하기 위해 필요한 역량, 시스템, 조직문화와 저원

더 보기

패러독스 경영과 복수의 경쟁우위 추구

포터는 본원적 경쟁전략에서 원가우위 전략과 차별화 전략 중 하나를 선택해야 한다고 강조했다. 대부분의 기업들에는 포터의 견해가 맞지만, 점차 치열해지고 있는 글로벌 경쟁에서 지속 가능한 경쟁우위를 창출하기 위해서는 원가우위와 차별화를 동시에 추구해야 할 수도 있다. 필자는 삼성전자의 성공 요인을 분석한 책 『삼성 웨이』(21세기북스, 2013)에서 삼성전자는 1993년 이건희 회장이 선언한 신경영 이후 양립이 힘든 목표인 고품질과 저원가를 동시에 달성하는 '패러독스 경영'에 성공함으로써 메모리 반도체 시장에서 지속 가능한 경쟁우위를 창출하여 30년 이상 세계 1위를 유지할 수 있었다고 분석했다. 삼성전자는 2010년대까지 메모리 반도체 분야에서 가장 기술력이 앞선 선단 제품을 경쟁자보다 먼저 개발하여 차별화를 통해 높은 가격을 향유할 수 있었다. 또한 압도적인 규모의 경제와 높은 수율 달성을 통해 경쟁자에 비해 낮은 원가를 구현할 수 있었다.

삼성전자 반도체와 같이 고품질과 저원가를 동시에 달성하는 패러독스 경영을 통해 지속 가능한 경쟁우위를 창출한 또 다른 사례로는 미국의 애플과 일본의 도요타를 들 수 있다. 애플의 경우 스마트폰 시장에서 탁월한 소프트웨어 기술력을 기반으로 iOS 운영체제를 업계 최고 수준으로 만들어 왔으며, UI와 UX 소프트웨어 기술력도 타의 추종을 불허했다. 이러한 차별화 포인트에 더해서 세계 최대의 전자제품 위탁제조 기업인 대만의 폭스콘 등에 제조를 아웃소싱하고 대부분을 중국에서 조립함으로써 저원가도 구현할 수 있었다. 도요타의 경우 탁월한 내구성과 정숙성을 자랑하는 자동차 품질 기술력에 더해서 하이브리드 자동차 기술을 선도하여 차별화를 구현했다. 또한 재고를 최소화하는 적시just-in-time 생산 등으로 유명한 도요타 특유의 효율적인 생산 시스템을 통해서 저원가도 구현했다.

이처럼 삼성전자 반도체, 애플, 도요타는 비록 저원가를 구현하는 방식은 상이하였지만 차별화와 저원가를 동시에 구현하는 데 성공함으로써 오랜 기간 시장에서 선도 지위를 유지할 수 있었다. 이처럼 패러독스 경영을 성공적으로 구현하면서 '초격차'를 달성해 왔던 삼성전자가 2020년대에 들어 D램과 낸드 메모리의 선단 공정에서 SK하이닉스에 뒤지고 결정적으로 고부가가치의 HBM 개발 경쟁에서 밀려 차별화 우위를 상실한 것은 서로 양립이 어려운 복수의 경쟁우위를 장기간 유지하는 것이 얼마나 어려운 과제인지를 잘 보여 준다.

가를 구현하는 데 필요한 역량, 시스템, 조직문화는 판이하게 다르기 때문에, 특정 기업에서 차별화와 원가우위를 동시에 추구하게 되면 확실히 차별화만을 추구하거나 원가우위만을 추구하는 기업에 경쟁에서 밀리기 마련이라고 주장하였다.

기업이 차별화를 구현하기 위해서는 품질, 성능, 보완적 서비스, 디자인과 패키징 등 눈에 보이는 유형적 요소로 차별화할 수도 있고, 기업의 명성과 평판, 브랜드 등 눈에 보이지 않는 무형적 요소로 차별화할 수도 있다. 높은 수준의 차별화를 구현하기 위해서는 눈에 보이는 유형적 차별화 요소와 눈에 보이지 않는 무형적 차별화 요소를 결합하여야 한다. 또한 기업이 높은 수준의 차별화를 구현하고 이를 지속하기 위해서는 혁신을 추구하여 세상에 존재하지 않는 새로운 기술이나 상품과 서비스 또는 비즈니스 모델을 만들어 내야 한다.

AI 혁명 시대, 플랫폼 전쟁에서 승리하려면

인터넷 혁명에 이어 AI 혁명이 이어지면서 플랫폼 비즈니스가 중요해지고, 이러한 플랫폼 기반 산업의 경쟁 법칙은 과거의 전통 산업과는 많이 다른 특징을 보이고 있다. MP3 플레이어, 게임 콘솔 등은 그 자체로는 아무런 가치가 없으며 콘텐츠와 같은 보완재가 있어야 가치가 창출되는 소위 플랫폼 상품이다. 스마트폰 역시 전화나 문자 기능만 보면 피처폰과 차이가 없지만 애플리케이션과 같은 보완재가 피처폰과는 차별되는 플랫폼 상품이다. 플랫폼 상품의 경우 이를 수용하는 소비자가 많으면 많을수록 산업 생태계에서 협력자complementor들이 보완재를 더 많이 개발하게 되어 그 가치가 상승하게 되는 특징을 지니고 있다. 이러한 현상을 경제학에서는 보완재에 의한 간접적인 네트워크 효과라고 한다.

네트워크 효과와 승자독식의 경제학

네트워크 효과란 특정 상품이나 서비스를 사용하는 사용자의 숫자가 증가할수록 품질이나 기능이 동일하더라도 동일 상품이나 서비스를 사용하는 고객의 가치가 올라가는 현상을 말한다. 예를 들면 카카오톡 메신저의 경우 카카오톡을 사용하는 친구나 친지가 많아질수록 커뮤니케이션 수단으로서의 고객 가치가 올라가게 된다. 네트워크 효과는 네트워크 자체의 크기에 따라서 고객 가치가 올라가는 직접적인 네트워크 효과와, 보완재에 의해서 고객 가치가 올라가는 간접적인 네트워크 효과로 나누어진다. 네트워크 효과가 작동하는 비즈니스의 경우 새로운 상품이나 서비스의 구매 내지 사용 의사결정을 할 때 주변 사람들이 어떠한 상품이나 서비스를 구매하고 사용하는지를 먼저 관찰한 후 의사결정을 내리기 때문에 타인의 과거 의사결정이 나의 현재 의사결정에 영향을 미치는 특성을 보인다. 반면 앞에서 설명한 전환비용의 경우는 나의 과거 구매 의사결정이 나의 현재 구매 의사결정에 영향을 미친다는 차이가 있다. 네트워크 효과가 창출되고 네트워크 효과가 전환비용 창출로도 이어지게 된다면 강한 잠금lock-in 효과가 나타나 구매자들의 쏠림 현상으로 인한 승자독식으로 이어지게 된다. 한국의 모바일 메신저 시장을 카카오톡이 승자독식으로 장악하였기에 라인 등 경쟁 서비스가 2022년 데이터센터 화재로 인한 카카오톡의 대규모 불통 사태에도 불구하고 시장점유율을 거의 빼앗아 오지 못했던 것도 바로 이런 특성 때문이다.

이러한 네트워크 효과로 인한 승자독식 사례는 차량 공유 서비스에서도 찾아볼 수 있다. 한국 시장은 카카오모빌리티가 카카오T 서비스로 장악하였고, 미국은 우버, 중국은 디디추싱, 동남아는 그랩이 장악하였다. 우버는 미국 시장을 장악한 후 세계화하면서 중국과 동남아에 연쇄 진출을 시도하였다. 하지만 우버를 보고 중국과 동남아에서 먼저 서비스를 시작하여 이미 네크워크 효과가 창출되는 고객 기반의 임계점을 넘어섰던 디디추싱과 그랩에 현지 시장에서 완전히 밀렸다. 이 사례는 현지 네트워크local network가 중요한 경우 네트워크 효과가 국가별, 지역별로 다르게 나타날 수 있음을 보여 준다. 우버가 미국 시장은 석권하였어도 상하이나 싱가포르에서는 뉴욕에서 확보한 운전 기사나 차량을 가지고 서비스를 할 수는 없었기 때문이다. 상하이나 싱가포르에서는 현지의 운전 기사와 차량으로 서비스를 제공해야 했지만, 현지의 운전 기사와 차량을 이미 디디추싱과 그랩이 다수 확보하였기 때문에 후발 진입한 우버는 제대로 경쟁할 수 없었다. 반면 구글의 유튜브나 안드로이드의 경우 네트워크 효과를 범세계적으로 창출하였는데, 이는 네트워크의 성격이 글로벌 네트워크global network의 성격을 지니고 있었기 때문이다. 2024년 10월에

더 보기

IT 선도 기업의 네트워크 브리징을 통한 시장 확대

특정 분야에서 선도적 지위를 장악한 거대 IT 기업이 떠오르는 인접 영역에서 네트워크 브리징 전략을 통해 단시간에 성공적으로 진입하여 선도적 지위를 확보한 사례는 많이 찾을 수 있다. 쿠팡의 와우 멤버십 회원들은 쿠팡이츠에서 세이브 배달을 선택할 경우 주문 횟수나 금액에 제한 없이 배달비가 무료이고, 와우 할인을 통해 음식 가격의 최대 10퍼센트를 즉시 할인받을 수도 있다. 따라서 2023년 말 기준 1,400만 명이 가입한 와우 멤버십 회원들의 상당수가 쿠팡이츠에서 음식을 주문하도록 유도함으로써 급속도로 시장점유율을 끌어올릴 수 있었다.

이러한 성공적인 네트워크 브리징 사례는 국내외 IT 플랫폼 기업에서 많이 찾아볼 수 있다. 구글의 경우 검색 엔진 사업에서 대성공을 거둔 이후 이를 기반으로 '크롬' 인터넷 브라우저, '지메일', '유튜브' 등 인접 영역으로 사업을 성공적으로 확장할 수 있었다. 네이버도 비슷한 사례로, 검색 엔진 사업을 기반으로 인터넷 쇼핑 등 인접 영역으로 사업을 연쇄적으로 확장하는 네트워크 브리징에 성공하였다.

블랙핑크 멤버인 로제가 유튜브에 〈아파트〉의 음원을 공개한 지 단 11일 만에 전 세계에서 2억 회의 조회 수를 돌파한 것은 유튜브가 글로벌 네트워크의 성격을 지니고 있음을 잘 보여 준 것이다.

네트워크 효과가 창출되더라도 여러 업체가 시장을 분점하는 현상이 나타나는 경우도 있다. 넷플릭스, 디즈니플러스, 티빙 등이 한국 시장을 분점하고 있는 OTT 서비스나 배달의민족, 요기요, 쿠팡이츠가 시장을 분점하고 있는 음식 배달 서비스가 그 좋은 예이다. 이러한 비즈니스의 경우 콘텐츠나 음식점을 서로 나누어서 확보하게 되면 고객 입장에서도 특정 콘텐츠나 음식점을 사용하기 위해 복수의 서비스에 가입할 수밖에 없는 멀티 호밍multi-homing의 특성을 지닌다. 한편 쿠팡이츠는 쿠팡의 강력한 기존 이커머스 고객 기반을 연계하는 전략을 통해서 이미 배달의민족, 요기요 등이 장악하고 있던 음식 배달 서비스 시장에 후발 기업으로 성공적으로 진입하였는데, 이러한 전략을 네트워크 브리징network bridging이라고 한다.

보완재에 의한 간접적인 네트워크 효과와 플랫폼 리더십

인터넷 혁명과 AI 혁명을 거치면서 중요해지고 있는 플랫폼 상품에서는 보완재에 의한 간접적인 네트워크 효과가 작동하기에, 생태계eco system를 중시하는 플랫폼 리더십이 네트워크 효과 창출을 통한 시장 장악을 위해 매우 중요하다. 과거의 VCR 전쟁에서 기술적으로 우월하였던 소니의 베타맥스 VCR이 VHS VCR과의 표준 전쟁에서 밀려 퇴출된 사례는 보완재에 의한 간접적인 네트워크를 창출했느냐의 여부로 이해할 수 있다. PC 전쟁에서 기술적으로 우월하였던 애플의 PC가 보완재로 호환되는 소프트웨어가 훨씬 다양했던 IBM 호환 PC에 밀린 사례도 마찬가지이다. 또한 MP3 플레이어 시장에서 시장을 선점하였던 레인콤의 아이리버 등의 한국 제품들이 애플의 아이팟 플레이어와 아이튠스 음악 서비스에 밀린 이유도 이와 같이 보완재인 음원에 의한 간접적인 네트워크 효과가 작용하였기 때문이다. 특정 플랫폼 상품의 수용자가 많으면 많을수록 외부 개발자들이 소프트웨어나 콘텐츠와 같은 보완재를 더욱 많이 개발하게 되어서 네트워크의 가치가 더욱 올라간다. 애플의 연이은 성공, 특히 스마트폰 분야의 성공은 이러한 플랫폼 상품의 본질을 정확히 이해한 결과로, 앱스토어라는 플랫폼을 기반으로 애플리케이션이나 콘텐츠 제공자와의 협력을 통해 소위 플랫폼 리더십을 확보함으로써 네트워크 효과를 창출한 것에 기인하고 있다.

MIT 슬론 경영대학원 교수인 쿠수마노Cusumano와 그의 제자 가우어Gawer는 『플랫폼 리더십』이라는 책에서 성공적으로 플랫폼을 주도하는 기업들은 4가지 요소를 바탕으로 시스템을 변화시킨다고 밝혔다.[9] 첫째, 시스템을 주도할 차별화된 제품 기술이 있어야 한다. 이는 플랫폼을 만들고 다양한 보완재를 지원할 수 있는 역량을 갖추고 있어야 한다는 의미이다. 둘째, 명확한 사업 영역의 정의가 필요하다. 이를 통해 콘텐츠나 애플리케이션 등 보완재를 개발하는 업체들에 이들의 사업 영역을 침해하지 않겠다는 믿음을 심어 주어야 한다. 셋째, 상생의 파트너십을 강조함으로써 사업의 불확실성을 낮추고 이들에게 플랫폼 주도 기업과의 협력으로 원하는 수익을 얻을 수 있다는 확신을 줄 수 있어야 한다. 이는 시스템 전반에 걸친 이해를 바탕으로 플랫폼과 보완재의 역할과 경계를 명확하게 해야 한다는 것을 의미한다. 넷째, 다양한 외부 보완재 개발업체들을 동참시키고 협력하는 역량과 이를 책임지고 추진할 조직 등을 가지고 있어야 한다고 했다. 이는 보완재 개발업체들을 어떻게 끌어들이고 활성화할 것인지와 관련이 있다.

9 A. Gawer and M. Cusumano, *Platform Leadership: How Intel, Microsoft, and Cisco Drive Industry Innovation*, Harvard Business Review Press, 2002.

플랫폼 생태계에서 보완재를 제공하는 협력업체와의 관계를 결정하는 일에서 가장 중요한 측면은 공정한 이익 배분 룰의 정립이다. 산업 생태계 내에서 창출 가능한 수익의 총액이 고정되었다면 플랫폼 리더가 더 많은 이익을 차지할 때 보완재를 제공하는 협력업체들은 상대적으로 낮은 이익을 가져갈 수밖에 없다. 만약 플랫폼 리더가 수익을 너무 많이 차지하려고 하면 협력업체들은 더 이상 플랫폼 리더에게 협력하지 않으려고 할 것이다. 이는 특정 플랫폼 전체의 시장 규모를 키우는 데 중대한 장애 요인이 될 것이다. 그러므로 플랫폼 리더는 플랫폼 전체의 시장 규모 확대와 자사의 이익 확보 측면을 모두 고려하여 적절한 이익 배분 룰을 정립할 필요가 있다.

이 부분이 전통 산업과 플랫폼 비즈니스의 가장 큰 차이이다. 전통 산업에서는 포터의 5세력 모델이 잘 작동하기에 공급자와의 관계가 제로섬zero sum 게임으로 가기 마련이다. 즉 자사가 전체 가치사슬을 통제하면서 공급업체보다 협상력 우위를 확보하여 공급업체를 압박해야만 자사의 이익이 올라가게 된다. 하지만 플랫폼 리더십을 위해서는 공급업자와의 관계를 포지티브섬positive sum 게임으로 가지고 가서 상생을 통한 윈윈의 이익 분배 룰을 정립해야 우수한 보완재 제공업체를 다수 확보하여 플랫폼 간의 경쟁을 승리로 이끌 수 있다.

좋은 예로, 애플은 아이튠스나 앱스토어에서 공히 자사와 보완재 제공자들의 수익 배분 비율을 3대 7로 하여 협력업체들에 보다 유리하게 적용하였다. 이를 통해 아이튠스에서는 질 좋고 다양한 음원을 확보하였고, 앱스토어에서는 질 좋고 다양한 애플리케이션을 조기에 확보하여 자사의 플랫폼을 급속히 키울 수 있었다. 후발 주자로서 애플을 추격하여야 했던 구글은 자사 앱 마켓플레이스인 안드로이드 마켓(현재는 구글플레이)의 더 빠른 확대를 위해서 개발자 등 보완재 제공자들에게 70퍼센트의 수익을 제공하고 나머지 30퍼센트는 안드로이드 마켓을 운영하는 업체가 가지도록 하였다. 이처럼 초기에는 구글의 안드로이드 마켓을 통신사업자가 운영하기도 하고 아마존과 같은 마켓플레이스 업체들이 운영할 수도 있도록 허용함으로써 애플보다 개방적이면서 상생하는 비즈니스 모델을 통해 애플을 급속히 추월할 수 있었다.

한국의 IT 기업들은 MP3 플레이어, 모바일 메신저 서비스 등 세계 최초의 상품을 출시하면서 글로벌 시장에서의 표준 장악 및 주도권 확보를 도모해 왔다. 하지만 이러한 플랫폼 상품을 어떻게 표준으로 만들고 세계 시장을 주도할 수 있는지에 대한 전략적 사고와 플랫폼 리더십의 본질에 대한 이해는 부족하였다. 삼성전자의 경우에도 갤럭시 스마트폰으로 2010년대 초반부터 12년 연속 판매 대수 기준 세계 1등을 차지하였지만 구글플레이나 앱스토어와 같은 플랫폼을 자체적으로 만들지 못하고 하드웨어와 제조 경쟁력만으로 경쟁한 결과, 애플에 비해 이익률은 현저하게 낮을 수밖에 없었다.

애플이나 구글의 사례에서 잘 나타나듯이 플랫폼 리더십을 창출하기 위해서는 무엇보다도 산업 생태계에 대한 정확한 이해를 바탕으로 하여 필요하다면 자신의 이익을 희생하더라도 산업 생태계 내의 협력자들에게 보다 많은 이익을 배분하고 그들을 지원해야 한다.

즉 상생을 기반으로 산업 생태계를 보다 건강하게 만드는 노력이 필요하다. 또한 복수의 표준 간에 치열한 경쟁이 벌어지거나 신상품의 조기 수용자 시장을 넘어서서 대규모 시장을 성공적으로 형성하기 위해서는 경쟁자와의 적극적인 협력도 필요할 수 있다. 표준 장악과 플랫폼 리더십을 추구하는 기업이라면 단기성과주의나 자기 이익 챙기기에 집착하여 독불장군식 행태를 보임으로써 협력자들과의 상생을 포기하고 건강한 산업 생태계 형성을 저해하는 우를 범해서는 안 될 것이다. 특히 한국의 일부 선도 기업들은 국내 시장 내 지배적 지위에 안주하고 단기성과에 연연한 나머지 슈퍼 갑甲의 입장에서 협력업체들을 지나치게 압박하는 경향을 보였다. 하지만 플랫폼 리더십을 구사하기 위해서는 협력업체를 종속적인 하청업체로만 보는 인식을 바꾸어 동등한 파트너로 인정하는 발상의 전환이 요구된다.

21세기를 관통하는 지식 기반 경제의 트렌드가 인터넷 혁명, 스마트폰 혁명을 거쳐 AI 기반 4차 산업혁명으로 빠르게 진화하면서 경제와 기업 전반에 엄청난 변화를 가져오고 있다. 특히 AI 혁명 시대에 떠오르고 있는 많은 지식 기반의 신생 산업, 특히 플랫폼 비즈니스의 성격을 띤 사업 영역에서는 시장 선도 기업에 의한 승자독식 현상이 더욱 빈번히 나타나게 될 것이다. AI 혁명의 핵심인 파운데이션 모델의 경우에도 ChatGPT, 구글 제미나이Gemini 등 2~3개의 소수 파운데이션 모델로 쏠림 현상이 나타날 가능성이 높다.

과거에 한국 기업들은 '빠른 추격자' 전략을 구사하여 후발 주자였음에도 선진 기업을 추격하는 데 성공하였다. 하지만 시장 선도 기업이 네트워크 효과 등을 기반으로 승자독식 현상을 향유하게 되면 후발 진입 자체가 어려워지기에 이러한 지식 기반 산업 내지 플랫폼 비즈니스에서는 '빠른 추격자' 전략 자체가 성립하지 않게 된다. 따라서 AI 혁명 시대에 부상하고 있는 신생 산업이 플랫폼 비즈니스의 성격을 띠고 있다면, 최대한 신속하게 시장에 진입한 후 플랫폼 비즈니스 특유의 경쟁의 룰을 잘 이해하고 플랫폼 리더십을 구사해야 할 것이다. 플랫폼 리더십의 요체는 플랫폼 사업 기회를 먼저 파악하는 통찰력을 기반으로 명확하면서도 장기적인 전략적 비전과 수익 모델을 선제적으로 제시해야 함과 동시에, 공정한 이익 분배 룰을 통해 협력업체들을 자기편으로 끌어들임으로써 생태계를 건강하게 만드는 상생의 리더십임을 잊지 말아야 할 것이다. 또한 플랫폼 비즈니스를 잘 하기 위해서는 긴 호흡과 장기적 안목이 필요함도 잊지 말아야 한다. 아마존이 이커머스에서 이익을 창출하기 시작한 것은 사업을 시작한 후 20년 정도 지나서였다.

불확실성에 대응하기 위한 전략 방향[10]

기업이 직면하고 있는 외부 환경은 높은 수준의 불확실성으로 점철되어 있다. 이처럼 불확실성이 매우 높은 상황에서 기업은 사업전략

10 이 절의 내용 일부는 다음 자료를 기반으로 작성했다. 송재용 외, 2025년 사업전략 수립 시 고려해야 할 5대 패러다임(휴넷, 2024).

수립 시 기업에 큰 영향을 미칠 수 있는 외부 환경상의 주요 동인을 중심으로 복수의 시나리오를 미리 짜고 대응 전략을 사전에 수립해 놓는 '시나리오 플래닝'을 고려할 필요가 있다. 또한 불확실성하에서 투자와 관련한 의사결정을 할 때는 '리얼 옵션'을 적극 활용하는 것도 필요하다.

불확실한 시대의 이분법의 오류

불확실성에 직면하여 경영자들은 흔히 이분법의 오류를 범한다. 즉 불확실성이 주는 기회와 위협을 객관적으로 분석하지 않고, 불확실성이 낮다는 가정하에 풀 베팅을 하는 모험적 전략을 취하거나 불확실성이 매우 높다는 가정하에 투자를 동결하는 극도의 위험 회피 전략을 취한다. 하지만 불확실성이 아주 낮거나 매우 높은 경우는 별로 없기에 불확실성의 유형을 잘 분석하여 전략을 수립하는 합리적인 태도가 필요하다. 불확실성에 대해 연구해 온 코트니Courtney 등에 의하면, 대부분의 불확실성은 복수의 배타적인 대안으로 구성되거나 연속적인 범위의 형태로 나타난다.[11] 예를 들면 여러 통신 기술 표준 중 어떠한 기술 표준이 선택될지, 그리고 특정 기술 표준에서 어떠한 사업자가 정부로부터 통신 사업 라이선스를 받을지와 같은 불확실성은 복수의 배타적인 대안으로 구성된 불확실

11 H. Courtney, J. Kirkland and P. Viguerie, "Strategy under uncertainty," *Harvard Business Review*, November-December 1997.

성이다. 유가나 환율이 어떠한 범위 내에서 움직일지의 불확실성은 연속적인 범위로 나타나는 불확실성으로 현실적으로 가장 많은 유형의 불확실성이다.

문제는 앞에서 설명한 전통적인 전략 분석·수립 기법이나 현가할인법과 같은 투자 의사결정 기법들이 대부분 불확실성이 없거나 미래가 예측 가능하다는 전제로 개발되었다는 점이다. 이러한 기법들은 수십 년 전에 개발되었는데, 그 당시만 해도 현재보다 불확실성의 정도가 현저히 낮거나 미래가 상당 부분 예측 가능하였기에 별 문제 없이 잘 사용될 수 있었다. 하지만 복수의 거대한 패러다임 변화가 동시다발적으로 나타나서 외부 환경의 불확실성이 매우 높아지고 전혀 예상하지 못한 불연속적인 변화에 직면할 가능성이 커진 포스트 팬데믹 패러다임 대전환기에는, 이러한 전통적인 전략 분석·수립 기법이나 투자 의사결정 기법들의 유효성이 낮아져서 시나리오 플래닝이나 리얼 옵션 등 불확실성을 반영한 전략 수립 및 투자 의사결정 기법을 대안으로 적극 활용할 필요가 있다.

시나리오 플래닝

시나리오 플래닝은 불확실한 미래를 예측하고 준비하기 위한 전략적 도구로, 다양한 미래 가능성을 상정하고 이에 대응하기 위한 시나리오를 개발하는 과정이다. 이 기법은 주로 경영전략 수립 시 활용되며, 특히 복잡하고 불확실성이 높은 환경에서 효과적이다. 시나리오 플래닝은 단순히 미래를 예측하는 것이 아니라, 발생 가능한 복수의 미래 시나리오를 미리 만들어서 대응 전략을 선제적으로 준비함으로써 불확실성에 대한 기업의 신속하고도 유연한 대응력을 강화하는 데 중점을 둔다.

시나리오 플래닝의 초기 개념은 제2차 세계대전 이후 미국의 군사 전략에서 시작되었다. 랜드 연구소RAND Corporation의 연구원인 허먼 칸Herman Kahn은 미래 전쟁의 시나리오를 예측하여 군사적 전략을 수립하는 데 시나리오 기법을 활용했다. 칸은 다양한 시나리오를 통해 핵전쟁의 가능성과 그에 따른 결과를 상상함으로써 정책 결정자들이 다양한 상황에 대비할 수 있도록 도왔다. 이후 1970년대에 이르러 시나리오 플래닝은 비즈니스 전략으로 확장되었다. 로열더치셸Royal Dutch Shell은 시나리오 플래닝을 도입하여 오일 쇼크와 같은 불확실한 경제 환경에 대비하였다. 이 기업의 성공적인 시나리오 플래닝은 기업들이 예측 불가능한 외부 환경 변화에 대비하는 데 시나리오 기법이 효과적일 수 있음을 보여 주었다. 특히 이 기업은 다양한 시나리오를 통해 잠재적 리스크와 기회를 파악하고, 이를 바탕으로 전략을 수립하여 오일 쇼크의 충격을 완화할 수 있었다.

21세기에 들어서면서 시나리오 플래닝은 전 세계적으로 널리 사용되고 있으며, 최근 지정학적 리스크 증가와 같은 패러다임 변화로 인해 그 중요성이 더욱 부각되고 있다. 기업들은 시나리오 플래닝을 통해 예상치 못한 리스크에 대한 대비책을 마련하고, 복잡한 비즈니스 환경에서 기회를 포착할 수 있는 능력을 키우고 있다. 최근 연구들은 시나리오 플래닝이 전통적인 예측 방법을 넘어 불확실성과 복잡성을 관리하는 데 효과적임을 보여 주고 있다.

시나리오 플래닝의 첫 번째 주요 장점은 복잡한 불확실성을 관리할 수 있다는 점이다. 이를 통해 조직은 다양한 시나리오를 개발하여 각기 다른 미래를 준비할 수 있으며, 예상치 못한 사건이나 급격한 환경 변화에 대비할 수 있게 된다. 또한 시나리오 플래닝은 조직 내 전략적 사고를 촉진한다. 경영진이 기존의 사고방식을 넘어 새로운 기회를 발견하고 전략적 방향을 재조정할 수 있도록 돕는 것이다. 이 과정에서 다양한 가능성을 상상하고 창의적인 전략을 개발할 수 있는 기회를 제공함으로써 전략적 의사결정의 질을 향상시킨다. 조직 내 부서 간의 협업을 강화하고, 다양한 시각을 통합하여 보다 포괄적인 전략을 수립하는 데 기여한다. 이를 통해 조직은 변화에 유연하게 대응할 수 있는 기반을 마련할 수 있다.

시나리오 플래닝은 리스크의 식별 및 관리에도 큰 도움이 된다. 각 시나리오는 특정 리스크를 강조하며, 조직이 이를 사전에 식별하고 준비할 수 있도록 한다. 리스크에 대한 대응 전략을 선제적으로 수립함으로써 예상치 못한 상황에서도 신속하고 유연하게 대응할 수 있는 능력을 제공한다. 이는 조직이 전략을 수립할 때 고려해야 할 리스크를 체계적으로 분석하고, 이에 대한 대응책을 마련하는 데 중요한 역할을 한다.

한편, 시나리오 플래닝은 조직이 장기적 관점에서 미래를 준비하는 데도 유용하다. 이는 단기적 목표보다는 장기적 성공을 위한 전략을 수립할 수 있도록 돕는다. 장기적 시나리오는 조직이 지속 가능한 성장을 위한 전략을 개발하는 데 기여하며 다양한 시나리오를 통해 보다 정교한 미래 예측을 이룰 수 있다. 이를 통해 조직은 보다 현실적인 전략을 수립할 수 있으며, 장기적 관점에서 지속 가능한 성장을 도모할 수 있다.

시나리오 플래닝의 구체적인 기법으로는 가장 유명한 '로열더치셸의 시나리오 플래닝 기법' 이외에도 조직 내외의 다양한 이해관계자들이 참여하는 '옥스퍼드 시나리오 플래닝 접근법', 문제 정의·드라이버driver 식별·시나리오 개발의 3단계로 구성되는 '3단계 시나리오 플래닝 모델' 등 여러 기법들이 있다. 기업 경영에 가장 큰 영향을 미칠 수 있지만 불확실성이 매우 큰 주요 동인 및 드라이버를 식별하고, 이러한 주요 동인에 대해 복수의 가능한 시나리오를 개발한 후, 이에 대한 대응 전략을 마련하는 접근법이 가장 일반적이다.

예를 들어 전기차 수요 둔화 혹은 캐즘chasm에 직면한 자동차 업체나 전기차용 배터리 업체라면, 캐즘의 지속 기간 또는 하이브리드 기술 같은 과도기적 기술의 활용 여부 등과 관련된 복수의 시나리오를 짜고 이에 대한 대응 전략을 미리 세워 놓을 필요가 있을 것이다. 전기차의 캐즘이 예상보다 오래가게 된다면 전기차용 배터리 및 배터리 소재 업체 입장에서는 생존 전략으로 전환해야 할 수 있고, 자동차 업체 입장에서는 최근 현대·기아차가 발 빠르게 움직이고 있듯이 과도기적인 대안 기술인 하이브리드 자동차를 적극 도입해야 할 것이기 때문이다.

시나리오가 너무 많으면 복잡성이 증대되어 조직이 대응 전략을 잘 수립하고 유연하게 대응하는 데 어려움이 있기에 보통 시나리오는 3~4개의 시나리오를 개발할 것을 권유한다. 불확실성의 유형이 연속적인 범위의 형태로 나타나는 경우에는 보통 가장 가능성이 높은 기본 시나리오base scenario, 최상의 시나리오best scenario, 최악의 시나리오worst scenario 등 3개의 시나리오로 구성하는 것이 일반적이다. 하지만 불확실성이 복수의 배타적인 대안으로 나타날 때는 2~4개의 시나리오로 구성할 수 있다.

시나리오 플래닝 과정에서는 외부 전문가의 도움을 받는 경우가 많은데, 최근에는 기술의 발전으로 인해 생성형 AI 기술을 활용하여 시나리오 플래닝을 고도화할 수 있게 되었다. AI와 데이터 분석 기술의 발전은 시나리오 플래닝의 효과성을 크게 향상시키고 있으며, 이를 활용하여 기업은 대량의 데이터를 신속하게 처리하여 보다 다양하고 정교한 시나리오를 개발할 수 있게 되었다. 특히 생성형 AI는 방대한 데이터를 분석하여 전략적 관심사와 주요 불확실성을 파악할 수 있도록 지원한다. 이러한 AI 기술은 시나리오 생성, 내러티브 개발, 전략 수립이라는 3가지 주요 단계에서 활용될 수 있다.

이처럼 패러다임 대전환기에 시나리오 플래닝이 중요해지면서 SK그룹을 필두로 삼성전자, LG전자, 현대자동차와 같은 주요 기업들이 앞다투어 시나리오 플래닝 기법을 사업전략 수립에 도입하고 있다. 현대자동차는 전기자동차와 자율주행차 시장 등 모빌리티 시장의 변화에 대응하기 위해 시나리오 플래닝을 적극 활용해 왔다. 최근에는 중소기업들도 시나리오 플래닝의 중요성을 인식하고 도입하기 시작했다. 한국 기업의 경우 정부의 산업 정책과 규제 변화에도 민감하게 반응해야 하기에 시나리오 플래닝은 정책적 불확실성에 대응하기 위한 수단으로도 유용하게 사용되어 왔다. 중소기업은 자원과 역량의 한계로 인해 외부 환경의 변화에 더욱 취약하므로, 시나리오 플래닝을 통해 리스크를 사전에 식별하고 대응 전략을 마련함으로써 시장 변화에 더욱 유연하게 대응할 필요가 있다.

리얼 옵션

시나리오 플래닝 기법은 대기업을 중심으로 사업전략 수립 시 활용되기 시작하였지만, 아직 많은 한국 기업들이 채택하지 않은 불확실성 대응 기법 혹은 전략적 사고가 리얼 옵션이다. 금융시장의 재무적 옵션이 불확실성 내지 변동성에 대응하기 위해 개발되었고 변동성이 높을수록 가치가 높듯이, 리얼 옵션 전략은 실물 투자의 불확실성이 높은 경우에 고려해 볼 수 있다. 전통적 투자 의사결정 기법인 현가할인법 등을 도입하게 되면, 미래에 대한 일정한 가정을 전제로 하여 복수의 투자 대안 중 하나를 선정하고 투자를 집중하게 된다. 하지만 리얼 옵션적 투자 의사결정을 하는 경우 높은 불확실성하에서 처음부터 하나의 대안을 확정하기보다는 일단 복수의 대안에 동시에 소규모 투자를 행하여 각 대안에 대해 보다 잘 파악하고 역량을 확보한 후, 단계적으로 각 대안의 성공 가능성과 예상 수익률을 재점검하여 투자의 확대, 지속, 중단 여부를 결정한다.

이러한 리얼 옵션 투자 전략은 성공 확률이 매우 낮은 자원개발

사업은 물론 기술 발전이 매우 빠르고 불연속적인 제약·바이오, IT 산업 등에서 선진 기업들이 광범위하게 사용해 왔다. 예컨대 신약 개발은 성공 확률이 극히 낮아 마치 로또 복권을 뽑는 것과 유사하기에, 글로벌 선도 제약·바이오 업체들은 유망 신약 후보 물질을 개발한 다수의 벤처 기업에 전략적 지분 출자를 하고 신약 개발 과정에서 단계적으로 투자를 높여 나가거나 중도에 투자를 포기하는 리얼 옵션 전략을 구사하고 있다.

글로벌 선도 IT 기업들도 불확실성하에서 리얼 옵션 전략을 적극 구사해 왔다. 필자가 컬럼비아대학교 교수로 재직할 때 만났던 인텔의 중역은 리얼 옵션적 투자를 전담하고 있었다. 그의 말에 따르면, 인텔은 1990년대 후반에 300여 개에 달하는 반도체, 인터넷 및 통신 관련 벤처 기업에 전략적 지분 출자를 하였다. 포스트 PC 시대를 주도할 차세대 기술이 불확실하였기 때문이었다. 따라서 인텔은 자사 제품을 위협하는 와해적 기술을 개발 중이거나, 자사 경쟁력을 강화할 수 있는 보완적 기술을 개발하는 기업에 출자를 함으로써 개발 정보를 우선 확보함은 물론 생산·판매 라이선스를 확보하거나 출자한 기업의 인수합병을 도모하였다. 이와 같이 리얼 옵션 전략은 미래에 대한 불확실성이 매우 높은 상황에서 시장에 비교적 일찍 뛰어들어 미래 게임을 벌일 수 있는 역량은 확보하되 성급한 풀 베팅은 자제하는 단계적 투자 전략이다. 이를 통해 대규모의 잠재적 기회를 포착할 가능성은 확보하지만, 실패 시의 리스크는 줄이는 것이 리얼 옵션 전략의 장점이다.

삼성전자, 현대자동차와 같은 한국의 선도 기업들은 '빠른 추종자' 전략에서 벗어나 미래 기술을 선도하기 위하여 표준 경쟁 등에 보다 적극적으로 뛰어들고 있다. 신성장동력을 발굴하는 일은 국가적으로도 초미의 과제이다. 불확실성이 높은 상황에서 모든 기술을 내부에서만 개발할 수는 없으며 복수의 국내외 유망 벤처 기업에 전략적 지분 출자를 하거나 대학들과 산학 연계를 하는 리얼 옵션적 사고를 적극 고려해 볼 필요가 있다. 또한 불확실성에 대한 우려로 신사업 진출을 주저하는 상황에서도 리얼 옵션 투자 전략을 고려할 수 있다.

이러한 리얼 옵션 투자 전략은 불확실성이 높은 해외 시장 진출시나 M&A에도 고려할 필요가 있다. 월풀Whirlpool이 유럽 시장에 진출한 사례가 그 좋은 예이다. 미국 최대의 생활가전 업체였던 월풀은 유럽에 수출도 제대로 안 했던 기업이었기에 유럽 시장에 대한 이해도나 유럽에서의 브랜드 인지도가 워낙 취약하여 유럽 진출의 성공 여부가 불확실했다. 이 상황에서 고민을 거듭하던 월풀은 유럽 최대의 전자업체였던 필립스Phillips의 생활가전 부문의 지분 50퍼센트를 인수하여 합작법인 형태로 유럽에 진출하였다. 그런데 월풀은 필립스와 작성한 계약서에 3년이 지난 후 월풀이 만족하면 필립스가 원하는 가격으로 나머지 50퍼센트 지분을 마저 인수하여 M&A로 전환하지만, 만족하지 못하면 인수하였던 지분을 인수 가격 그대로 필립스에게 되판다는 옵션을 넣었다. 유럽 진출과 M&A의 성공 여부에 대한 불확실성이 높은 상황에서 리얼 옵션적 성격으로 합작투자를 활용한 것이다.

필립스는 나머지 지분을 훨씬 높은 가격에 팔기 위해 최선을 다해 유럽 시장에 대해 가르쳐 주면서 종업원과 협력업체 등을 다독거렸다. 또한 3년간 유럽 최고의 브랜드인 필립스의 이름과 월풀의 이름을 동시에 사용하게 허용함으로써 월풀의 브랜드 인지도를 크게 높여 주었다. 이러한 필립스의 전폭적 협조에 힘입어 합작법인은 유럽 시장에 안착할 수 있었고, 3년 후 월풀은 만족하여 나머지 지분을 모두 인수했다. 불확실한 상황에서 해외 시장에 진출하거나 M&A를 할 때 이러한 형태의 리얼 옵션적 성격의 단계적 전략이 보다 바람직한 전략이 될 수 있다.

3 기업전략을 잘 수립하려면

Corporate Strategy

기업전략corporate strategy은 복수의 사업이나 자회사를 가진 기업의 전략이다. 기업전략은 사업의 범위 혹은 도메인에 대한 결정이 핵심이다. 사업 범위를 넓히는 다각화나 좁히는 사업 구조조정 등 사업 포트폴리오와 관련된 의사결정이 기업전략의 근간을 형성한다. 사업 범위를 넓히는 의사결정도 가치사슬의 앞뒤로 넓히는 수직적 계열화와 수평적으로 넓히는 수평적 다각화로 나누어진다. 수평적 다각화의 경우에도 관련 분야로 넓히는 관련형 다각화와 비관련 분야까지 확장하는 비관련형 다각화로 나누어진다. 또한 사업 범위를 조정하는 방법으로 M&A와 합작 같은 전략적 제휴, 독자 진출 등 여러 방법론 중 하나를 선택하는 것도 기업전략의 의사결정 영역이다. 이처럼 사업 범위를 조정하는 의사결정과 함께 복수의 사업을 연계하여 '어떻게 1 더하기 1이 2보다 큰 시너지를 만들어 내는가?'와 관련된 의사결정도 기업전략의 또 다른 영역이다.

기업전략은 여러 수준에서 수립될 수 있다. 삼성그룹과 같은 기업 그룹 차원에서 수립될 수 있고, 복수의 사업을 보유하고 있는 삼성전자 차원에서 수립될 수 있다. 삼성전자 내에서도 반도체 부문인 DS와 휴대폰과 TV, 가전 사업부를 거느린 세트 부문인 DX 차원에서 기업전략을 수립할 수 있다. 반도체 부문인 DS 차원에서도 메모리 반도체, 파운드리, 시스템LSI 사업 등이 있기에 기업전략 수립이 가능하다. 또한 메모리 반도체 사업부에서도 D램, 낸드 플래시 메모리 등 제품별로 기업전략을 수립할 수 있다.

사업 포트폴리오 조정에 성공하려면[1]

한국 기업은 국내외 경제의 저성장, 글로벌 공급망의 대전환, 디지털 대전환과 AI 혁명의 본격화로 특징지어지는 포스트 팬데믹 시대의 거대한 메가 트렌드에 직면하여 전략 패러다임의 근본적인 재검토와 수정을 요구받고 있다. 자발적인 사업 포트폴리오 조정은 기업전략의 핵심이며 CEO 및 최고경영진의 가장 중요한 역할이다. 필자는 2014년 초에 미국의 대표 기업 중 하나였던 GE의 전체 임원이 모인 연례 경영진 회의에서 기조강연을 하게 되었고, 강연 전날 만찬에서 당시 GE의 이멜트Immelt 회장과 패러다임 변화 시기의 대기업 CEO의 역할에 대해서 의견을 교환했다. 이멜트 회장은 "CEO로서 나의

1 이 절의 내용 일부는 다음 책을 기반으로 작성했다. 송재용, 스마트 경영(21세기북스, 2011); 송재용 외, 패러다임 대전환(자의누리, 2023).

가장 중요한 역할은 GE의 사업 포트폴리오의 매니저가 되는 것이다. 즉 수시로 GE의 사업 포트폴리오를 재점검하여 GE의 비전과 전략의 잣대로 볼 때 강화해야 할 핵심사업, 새로 들어가서 육성해야 할 사업, 그리고 정리 및 축소해야 할 사업을 골라내는 것이다"라고 본인의 생각을 전해 주었다. 이멜트 회장이 강조했듯이 사업 포트폴리오 조정의 기본 원칙은 주력·핵심 사업의 경쟁력을 강화하는 한편 비주력·비핵심 사업을 축소, 정리하고 외부 환경상의 패러다임 변화에 부합하는 미래 신성장동력 사업을 육성하는 것이다.

사업 포트폴리오 조정의 기본 원칙

이처럼 기업의 장기적인 생존과 번영을 위해서는 외부 환경의 변화, 기업의 중장기 전략적 비전, 핵심사업의 산업수명주기와 이에 따른 성장잠재력, 경쟁적 지위 및 역량의 변화 등을 고려하여 사업 포트폴리오를 자발적으로 변화시켜 나가야 한다. 사업 포트폴리오 조정의 가장 기본적인 방법론으로 그 기본 원칙을 잘 반영하고 있는 기법은 전략 컨설팅 회사인 보스턴컨설팅그룹Boston Consulting Group, BCG이 제시한 BCG 매트릭스이다.

BCG 매트릭스는 주요 경쟁자에 대비한 회사 내 각 사업의 시장 매력도의 대표적인 지표인 '상대적 시장 성장률'과, 회사의 경쟁적 지위 및 역량의 대표적인 지표인 '상대적 시장점유율'을 분석하여 이루어진다. 각 사업은 상대적인 시장점유율과 시장 성장률에 따라 [그림 3-1]과 같이 2×2 매트릭스에 표시된다. BCG 매트릭스는 4개의 사

[그림 3-1] BCG 매트릭스

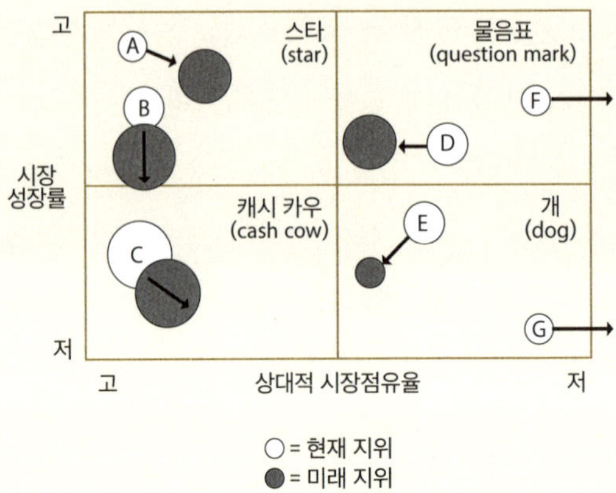

분면으로 나뉘고, 각 사분면은 서로 다른 성장률과 점유율의 조합을 나타낸다.

캐시 카우cash cow 사업은 시장 성장률은 낮지만 기업이 높은 시장 점유율을 보유하고 있는 핵심사업으로서, 많은 양의 현금이 창출되어 기업의 투자 자금 원천을 제공한다. 물음표question mark 사업은 제품의 시장점유율이 낮지만 시장 성장률은 높은 사업이다. 신사업은 1등 기업을 M&A해서 진입하지 않는 이상 물음표 사업에 속하게 된다. 기업은 캐시 카우 사업에서 확보한 현금을 물음표 사업에 집중적으로 투입하여 물음표 사업을 스타star 사업으로 키우기 위해서 노력한다. 스타 사업은 제품의 시장점유율도 높고 시장 성장률도 높아서 매력적인 최고의 효자 사업이다. 가장 문제는 개dog 사업인데, 기업의 시장점유율과 시장 성장률이 모두 낮은 사업으로, 보통 비핵심, 적자 사업이 여기에 해당한다. 이러한 개 사업은 일정 수준의 재투자를 필요로 하는 반면, 투자 자금의 회수는 쉽지 않아 골칫거리가 되기 마련이다. 따라서 BCG 매트릭스의 관점에서 이상적인 사업 포트폴리오는 캐시카우 사업이 확실히 있고, 일부 물음표 사업과 스타 사업을 가지고 있는 반면, 개 사업은 없거나 그 규모가 적은 형태이다.

BCG 매트릭스의 뒤를 이어서 보다 정교한 GE – 맥킨지의 9박스 매트릭스 같은 다양한 사업 포트폴리오의 분석 기법이 제시되었다. 하지만 기본 원리는 모두 동일하다. 즉 기업의 외부 환경 측면에서의 매력도와 내부 환경 측면에서의 경쟁적 지위와 역량 측면에서 기업이 보유한 모든 사업을 분류하고 있다. 어떠한 기법을 사용하든 간에 사업 포트폴리오 조정의 기본은 핵심사업, 신성장동력 사업, 비핵심사업을 구분하여 핵심사업은 강화하고, 핵심사업에서 확보한 자금과 역량을 신성장동력 사업으로 보내서 신사업을 집중 육성하는 한편, 비핵심사업을 축소하거나 정리하는 것이다.

자발적인 사업 포트폴리오 조정은 전략의 핵심이다

세계 최대의 기업이라 하더라도 기업이 가지고 있는 재무적, 인적, 기술적 자원은 매우 제한되어 있는 반면 세상에 할 수 있는 사업은 무궁무진하다. 따라서 기업은 '선택과 집중'의 원칙하에 핵심사업과 신성장동력 사업을 선정하여 투자를 집중하는 한편, 비핵심사업, 한계 사업, 적자 사업을 정리하는 방향으로 사업 포트폴리오를 조정해

가야 한다. 사업 포트폴리오를 평가하고 조정하는 과정에서는 2장에서 강조하였듯이 핵심사업에서 차별적인 핵심역량을 구축하여 성장을 도모하는 것이 가장 우선되어야 한다. 하지만 핵심사업의 성장 잠재력이 고갈되거나 더 빠르게 성장하고 싶다면 인접 영역을 중심으로 핵심사업을 확장하거나 신사업 진출을 도모할 필요가 생긴다. 기업이 보유하고 있는 자원과 역량은 제한되어 있기에 핵심사업을 보다 키우고 신성장동력 사업을 발굴, 육성하기 위해서라도 비핵심사업이나 한계 사업, 적자 사업을 매각, 축소할 필요가 있는 것이다. 최악의 선택은 핵심사업과 신성장동력 사업을 강화하는 데 자원을 집중하기보다는 비핵심사업, 한계 사업, 적자 사업에 자원을 집중하는 것이다.

과거에 한국 기업들은 투자 자원이 제한되어 있음에도 불구하고 대규모 부채를 조달해서라도 사업 영역을 확장하는 데 적극적이었다. 하지만 서구 기업들과 달리 실패한 사업, 비핵심사업을 구조조정하는 데는 소극적인 경우가 다반사였다. 심지어 소유경영자가 직접 시작한 사업의 경우에는 실패하더라도 이를 정리하자는 이야기를 꺼내는 것 자체가 불경죄 혹은 금기인 경우가 많았다.

오히려 실패한 만성 적자 사업을 유지하기 위해 주력 사업에서 돈을 빼서 무한정 지원하다가 동반 부실화로 이어져 그룹 전체가 무너진 사례도 많았다. 주력 사업인 소주 사업은 매우 안정적이고 높은 수익성을 보여 주었지만 유통, 건설 등 실패한 신사업을 무한정 지원하다 무너진 진로그룹이 대표적 사례이다. 외환위기 때 무너진 대우

더 보기

삼성그룹의 사업 포트폴리오 조정

2010년대 삼성그룹은 그룹 차원에서 사업 포트폴리오의 조정을 적극 추진하였다. 화학과 방산 관련 사업들을 한화그룹과 롯데그룹에 매각하였고, 삼성전자의 프린터 사업을 HP에 매각하였다. 화학과 방산 사업의 경우 삼성그룹 입장에서는 비핵심사업으로 글로벌 경쟁력이 취약한 분야였다. 여기에 더해 화학 사업의 경우 중동과 중국에서 대규모 설비투자가 진행되거나 예정되어 있어서 중장기적으로 한국의 글로벌 경쟁력이 의문스러운 상황이었다. 프린터 사업의 경우에도 삼성전자 입장에서는 비핵심사업으로 세계 1위 기업인 HP에 비하면 경쟁력이 취약하였기에 HP에 매각을 하였다.

비핵심사업을 매각하는 한편으로 미래 성장동력을 적극 육성하였는데, 대표적인 사례가 바이오 의약품 위탁제조 사업과 바이오시밀러 사업을 하는 삼성바이오로직스를 설립하여 바이오 산업에 진출한 것이었다. 또한 세계적인 자동차용 전장 회사인 하만을 인수하여 자동차용 전장 사업에 진출하였다. 자율주행과 친환경차로 대변되는 미래 자동차 산업에서 자동차용 전장 사업의 중요성이 커질 것으로 내다보고 10조 원에 가까운 거금을 들여서 하만을 인수한 것이다.

삼성바이오로직스 설립을 통한 바이오 산업 진출과 하만 인수를 통한 자동차용 전장 사업 진출은 2020년대에 들어와서 삼성그룹 차원의 신성장동력을 확보한 성공 사례로 부상하고 있다. 2010년대 삼성그룹의 사례에서 보듯이 사업 포트폴리오는 그룹 내지 전사 차원에서 수시로 점검하여 필요하면 사업 구조조정과 신성장동력 확보를 동시에 추구해야 한다. 2010년대에 비교적 성공적으로 그룹 차원에서 사업 포트폴리오를 적극적으로 조정해 왔던 삼성그룹이 2010년대 후반부터는 회장의 법적 리스크 등 여러 내부적 요인으로 인해 비핵심사업 구조조정과 대규모 M&A를 통한 신성장동력 확보 등 사업 포트폴리오 조정에 소극적인 모습으로 변화한 것은 아쉬운 부분이다.

등 다수의 한국 기업들이 범한 실수를 되풀이하지 않기 위해서는 저성장, 글로벌 초경쟁, AI 혁명이라는 거대한 포스트 팬데믹 패러다임 변화에 대응하여 자발적이고 선제적으로 사업 포트폴리오를 조정하는 일이 절실히 요구된다. 비관련형 다각화 체제에서 글로벌 경쟁력을 갖추지 못한 비핵심·비주력·적자 사업은 과감히 축소, 매각할 필요가 높아지고 있다.

특히 저성장과 초경쟁이 겹치면 비관련형 다각화와 수직적 계열화를 기반으로 한 선단식 경영이 경쟁력 측면에서 한계에 부닥칠 가능성이 높기에 근본적인 재검토가 필요하다. 기존 사업과는 무관한 분야로 진출하는 비관련형 다각화에서는 자원이 분산되고 경영관리의 효율성과 속도가 저하될 가능성이 높아지기에, 주력 사업의 글로벌 경쟁력 강화를 위해 '선택과 집중'의 원칙에 따른 비주력·비핵심·경쟁력 열위 사업의 자발적 구조조정이 중요하다. 가치사슬의 앞뒤로 사업을 확장하는 수직적 계열화의 경우에도 잘못하면 계열사 간 의존성 심화로 인해 동반 부실화, 하향 평준화로 갈 위험성이 있기에 경쟁력 관점에서 재검토하여 필요하면 전략적 제휴나 아웃소싱으로 수직적 계열화 체제를 약화시키거나 해체를 고려해야 한다.

신사업을 성공시키려면[2]

기업 성장의 가장 기본적인 방법론은 제품 및 기술이나 비즈니스 모

2 이 절의 내용 일부는 다음 책을 기반으로 작성했다. 송재용, 스마트 경영(21세기북스, 2011).

델의 혁신을 통해서 기존 핵심사업의 본원적 경쟁력을 강화하는 '유기적 성장organic growth' 전략이다. 본업에서 해외 시장 등 신시장을 개척하는 것이 유기적 성장의 또 다른 축이다. 하지만 핵심사업이 한계에 부닥쳐서 더 이상 성장동력을 찾기 힘들거나 더 빨리 성장하고 싶은 기업들은 M&A나 신사업 진출과 같은 비유기적 성장 전략에 의존한다.

그러면 모든 기업에 통용될 수 있는 성장 공식 또는 최적의 성장 전략 믹스는 있는가? 결론부터 말하면 유감스럽게도 성장의 묘약은 없다. 따라서 기업마다 자신의 비전과 전략, 역량과 역사적 배경에 따라 자신에게 맞는 최적의 성장 전략 믹스를 찾아가야 한다. 동일 산업 내에서도 기업들 간에 성장 전략의 방향성은 큰 차이가 날 수 있다.

신사업 진출의 성공 확률을 높이려면

핵심사업이 여전히 이익을 내는 캐시 카우로 남아 있을 때, 신사업을 발굴하는 것은 주력 산업의 성장 한계로 고민하는 많은 한국 기업들에 최우선적인 전략적 명제로 인식되고 있다. 하지만 신사업 진출의 성공 확률은 나날이 저하되고 있기에 신사업 진출은 과거보다 더욱 신중히 검토해야 한다. 그러면 신사업 진출의 성공 확률을 높이기 위해서는 어떻게 해야 하는가?

메가 트렌드와 산업 매력도를 먼저 고려하라

신사업을 검토할 때는 당연히 규모, 성장률, 수익성 등 산업의 매력도를 가장 먼저 고려해야 한다. 진출할 대상 산업의 매력도를 검토할 때 가장 많이 사용되는 분석 기법이 2장에서 설명한 5세력 모델이다. 5세력 모델에서는 기존 기업의 경쟁 양상, 진입장벽과 잠재적 진입자의 위협, 공급자의 협상력, 구매자의 협상력, 대체재의 위협을 산업의 구조적인 매력도를 결정하는 5가지 요인으로 보고 분석을 진행한다.

신규 진입자 입장에서도 이러한 5가지 측면에서 진입할 대상 산업의 구조적인 매력도를 분석하여 보다 매력적인 산업에 진입하게 된다. 다만 신규 진입자의 입장에서는 기존 기업과 달리 진입장벽이 낮을수록 진입이 용이하기에 보다 매력적일 수 있다.

한편 산업의 매력도는 도입기, 성장기, 성숙기, 쇠퇴기로 이어지는 산업의 수명주기와도 밀접한 관련이 있다. 매력적인 신성장동력 산업은 아직 경쟁 구도가 확립되어 있지 않고 고속 성장이 이루어지는 도입기나 성장기에 해당하는 경우가 일반적이다. 또한 신규로 진입할 대상 산업을 선정할 때는 보다 거시적인 측면에서 향후 최소한 10~20년 이상 영향을 미칠 외부 환경상의 메가 트렌드 변화도 잘 분석할 필요가 있다.

핵심사업과의 관련성을 잘 따져라

신사업 발굴 시에는 패러다임 변화 및 신사업 자체의 매력도와 함께 기존 핵심사업과의 연관성에 따른 핵심역량의 이전 가능성과 시너지 창출 측면도 중시해야 한다. 내게 매력적인 산업은 남에게도 매력적이기에 매력적인 신사업에는 너 나 할 것 없이 뛰어들게 된다. 하지만 어떤 기업이 성공할 것인지는 신사업에 필요한 역량을 얼마나 빨리, 충분히 확보하느냐에 의해 크게 좌우된다. 따라서 기존 사업과 신사업이 업의 개념과 역량 측면에서 관련성이 높아서 기존 핵심사업의 역량이 신사업으로 이전되고 기존 사업과 신사업 간의 시너지가 클 때 신사업의 성공 확률이 가장 높다.

여기에서 주의해야 할 점은 동일 업종에 속해 있거나 가치사슬상 인접해 있어 수직적 계열화가 가능하다고 해서 반드시 관련성이 높은 것은 아니라는 점이다. 2장에서 이미 언급하였듯이, 관련성을 고려할 때 보다 중요한 점은 신사업의 핵심 성공 요소나 업의 개념이 기존 사업과 얼마나 유사하느냐이다. 더욱이 수직적 계열화를 추구하는 경우에는 새로 진출하는 분야의 타 기업과 이해 충돌이 발생하여 집중 견제를 받음으로써 소탐대실이 될 수도 있다. 기존 고객사와 경쟁하는 분야로 수직적 계열화를 하게 되면 기존 고객의 이탈이 나타날 수 있으며, 기존 벤더vendor와 경쟁하는 분야로 수직적 계열화를 하는 경우에도 세계적인 경쟁력을 갖춘 기존 벤더와의 관계 단절로 이어질 수 있다.

반면 삼성이 바이오 의약품 위탁제조 사업인 CMO 사업에 후발기업으로 진입하여 10여 년 만에 세계 최고 수준의 기업으로 성장할 수 있었던 것은 반도체 산업에서 갈고닦았던 초정밀 청정 제조 역량을 이전시킬 수 있었기 때문이다. 반도체와 바이오는 산업 분류로 보면 완전히 이업종이지만 청정 환경에서 초정밀 제조를 해야 하고 장치 산업적인 성격을 지닌 바이오 의약품 제조 비즈니스는 메모리 반도체 제조 사업과 업의 본질이 유사하여 요구되는 역량도 유사하다. 따라서 신사업 진출의 성공 여부를 결정하는 가장 중요한 요건은 바로 '기존 사업과 역량, 고객 기반, 유통 채널 등의 측면에서 관련성이 얼마나 높은가'이다. 즉 신사업에 독자 진출을 하는 경우, 관련성이 높아서 기존 핵심사업에서 확보한 강력한 역량과 기존의 조직문화, 경영 시스템을 잘 이전시킬 수 있으면서 동시에 기존 사업과 신사업 간에 시너지가 창출되는 분야를 최우선으로 고려해야 한다. 하지만 기존 사업과 관련성이 높지 않은 분야에 굳이 진출하고 싶다면(전략 교수들이나 컨설턴트들은 이를 권장하지 않지만) 이 분야에서 역량을 이미 확보한 기존 기업을 M&A하여 진입하는 것이 내부 진출보다 바람직하다. SK텔레콤과 하이닉스의 사례가 대표적인 비관련 분야 M&A의 성공 사례이다.

마지막으로 신사업 진출의 정당성 혹은 성공 확률을 높이기 위해서는 전체 시장은 아니더라도 세부 시장이나 틈새 시장에서 주요 업체가 될 수 있는 분야를 잘 찾아야 할 것이다. 1등 기업의 지배력 및 규모의 경제 등을 기반으로 한 이익 창출 능력이 점차 커짐에 따라 점점 더 많은 산업에서 과점화 현상이 심화되고 있다. 원천기술 및 표준을 선점한 기업이 수확체증의 법칙에 따라서 승자독식을 향유하는 지식 기반 산업은 더 말할 필요도 없고, 전통 산업에서도 시장 지배적 사업자가 되어야 할 필요성은 더욱 커지고 있다.

왼손잡이 조직과 리얼 옵션적 사고가 필요하다

신사업의 성공 확률을 높이기 위해서는 양손잡이 조직의 한 축인 왼손잡이 조직이라는 별동대 조직의 구축을 고려할 필요가 있다. 기존 사업 조직은 오른손잡이 조직으로서 성공한 제품이나 비즈니스 모델, 기존 기술 경로에만 집착하면서 단기성과를 추구하기 마련이다. 이로 인해 기존 사업 조직은 신사업을 발굴하여 육성하기 위해 필요한 역량이나 시스템을 갖추지 못한 데다가, 많은 시간과 비용을 투입해야 하고 실패 확률도 높은 신사업을 기피하는 경향을 보인다. 이 때문에 신사업 창출을 위한 의지도 역량도 부족한 기존 사업 조직에 무리하게 신성장동력 창출의 과제를 부여하게 되면 대부분 실패할 수밖에 없다. 따라서 최근 국내외 기업들은 업종을 불문하고 앞다투어 신성장동력 창출을 위한 별동대 조직의 성격을 띤 왼손잡이 조직을 설치하여 운영하고 있다. 왼손잡이 조직의 성공을 위해서는 오른손잡이 조직의 자원과 인력 지원이 필수적이다. 따라서 전사의 최고경영진은 양 조직 간의 유기적인 협력과 조정을 위해 지속적인 관심을 갖는 것과 함께 평가 보상 제도를 바꾸는 등 경영 시스템의 재구축에도 힘써야 한다.

선도 기업들은 왼손잡이 조직을 설치하는 일 외에도 체계적인 신사업 발굴 및 육성 프로세스를 구축하는 일에도 많은 신경을 쓰고 있다. IBM이 2000년에 도입한 '신성장사업 기회Emerging Business Opportunities, EBO' 프로그램이 대표적인 성공 사례이다. IBM의 자체 분석 결과, 기존 오른손잡이 조직의 경우 기존 시장과 제품 및 고객에 대한 집착, 단기성과 우선주의, 지속적 이익과 주당 순이익을 강조하는 비즈니스 모델 등으로 인해 신성장동력 발굴이 지지부진한 것으로 판명되었기에 별도의 신사업 육성 체계 및 조직으로 EBO를 도입한 것이다. IBM은 사업을 성숙사업mature business(Horizon 1 사업), 성장사업growth business(Horizon 2 사업), 미래사업future business(Horizon 3 사업)으로 구분하였는데 EBO 사업이 바로 미래사업이었다. EBO 사업으로 선정되기 위해서는 다음과 같은 요건을 충족하여야 했다.

- 기업이 추구하는 성장 전략과의 전략적 적합성이 높아야 한다.
- 여러 사업부와 연관되어 있어야 한다.
- 기존 상품 및 기술을 개선하는 것이 아닌 새 사업 영역, 기술, 비즈니스 모델을 창출해야 한다.
- 연간 매출 10억 달러 이상의 사업으로 성장하여 지속적인 매출 및 이익 창출이 가능해야 한다.
- IBM이 잘할 수 있는 분야로서 궁극적으로 1위 사업자가 될 수 있어야 한다.

이러한 기준하에 IBM은 1년에 2회 회사 안팎에서 광범위하게 신규 사업 아이디어를 수집하여 타당성을 전략적으로 분석한 후, 최고경영진과 고객을 대상으로 한 의견 청취 과정을 거쳤다. 이러한 과정을 통해 매년 극소수의 사업 아이템을 EBO 대상 미래사업으로 선정하여 실험적인 투자를 단행하였다.

EBO 프로그램의 총책임자와 전사 전략 그룹은 선정된 개별

EBO 사업의 파트너 역할을 수행하면서 진척 정도를 파악하고 전략을 정교화하면서 필요한 인력과 자원을 확보하는 일을 도와주었다. 또한 개별 EBO 사업의 리더는 사업을 성공시킨 경험이 있는 유능한 내부 경영자로 선임하였다. 각 EBO 리더는 전사 전략 그룹의 신성장 동력 발굴 총책임자에게는 물론 관련 사업 부문의 장들에게도 별도로 보고하게 되어 있었다. 기존 사업 부문이 EBO 사업에 필요한 자원과 인력을 공급해 주었기 때문이다.

IBM은 EBO를 통해 떠오르는 사업 기회를 향한 조기 진입을 도모하였다. 하지만 리얼 옵션적 관점에서 실험적으로 투자가 이루어졌기에 성공이 어렵다고 판단되면 조기에 투자 종료 결정이 이루어졌다. 이때 투자 확대 및 중단의 판단 기준은 이익 같은 재무적 기준이 아니라 사전에 치밀하게 설정된 기술, 시장 측면에서의 이정표milestone에 도달하였는지가 관건이 되었다. EBO 사업이 성공적으로 판단되면 성장사업(Horizon 2 사업)으로 재분류되어 보다 집중적인 투자가 이루어졌다. 성장사업으로 업그레이드되기 위한 기준으로는 사업 추진팀이 잘 구축되었는지, 이익 창출을 위한 전략이 명확하게 수립되었는지, 초기 시장에서 성공적인 반응을 얻어 내었는지, 그리고 시장에서 검증된 고객 가치 명제customer value proposition가 잘 정립되어 있는지 등이 고려되었다.

또한 요즈음과 같이 불확실성이 높은 상황에서 신사업에 진출하려면 2장에서 설명한 리얼 옵션적인 단계적 신사업 진출 전략도 적극 고려해야 한다. 불확실성이 높은 상황에서 신사업 진출 시기는 최대한 앞당기되 대규모 투자 시점은 늦춤으로써 리스크를 줄일 수 있기 때문이다. IBM의 EBO 사례도 미래사업에 대한 조기 투자를 촉진하지만 사전에 설정된 기준에 따라서 '성장사업'으로의 지위 향상을 통한 투자 확대 또는 중단의 옵션을 부여하였기에 리얼 옵션적 성격의 신사업 투자였다. 불확실성이 높은 상황에서는 대규모 신사업 투자를 위한 사전 실험 단계로서 벤처 기업에 대한 전략적 지분 출자나 단계적 M&A 전략도 적극 고려해 볼 필요가 있다.

신사업 진출 시에는 망하는 시나리오도 함께 만들어라

마지막으로 신사업 진출 시에는 반드시 진입 비용 및 리스크를 고려해야 한다. 진입 비용이 너무 높아서 미래에 발생 가능한 이익을 모두 잠식한다면 신사업 진출은 실패할 수밖에 없다. 기업의 신사업 진출은 성공보다 실패할 확률이 훨씬 높다. 하지만 경영자들은 신사업 진출을 고려할 때 흔히 신사업의 매력에 도취한 나머지 진입 비용이나 실패 시의 위험성은 간과하는 경우가 많다. 따라서 신사업 진출 시에는 '이 신사업 진출에 실패하였을 때 모기업은 건재할 수 있는가?', '실패 시 투자 자금을 회수하면서 빠져나올 방안이나 철수 계획exit plan은 있는가?'라는 질문을 반드시 해야 한다. 이 질문에 대한 답이 부정적이라면 차라리 기존 사업에 더욱 집중 투자하는 것이 나을 것이다. 철수 계획의 핵심은 신사업 실패 시 투자 자금을 어느 정도 회수해서 빠져나올 수 있는지를 사전에 검토해 보는 데 있다.

철수 계획과 함께 망하는 시나리오에 들어가야 하는 핵심적인 사항은 퇴출 기준exit rule이다. 기업은 신사업 진출 시 몇 년간 얼마만큼 지원을 해주겠다는 인큐베이션 계획을 세우게 된다. 이와 함께 기업이 희망하는 도전적인 목표도 수립한다. 하지만 생존을 위한 최소한의 기준인 퇴출 기준은 세우지 않는 경우가 대부분이다. 신사업 계획을 수립할 때는 퇴출 기준도 함께 설정해야 한다. 예를 들어 A라는 기업이 B라는 신사업에 진출하게 되면 5년간 1,000억 원을 투자하여 5년 내로 매출 5,000억 원과 영업이익률 10퍼센트를 달성하겠다는 도전적인 목표를 설정해야 한다. 이와 동시에 5년이 지난 후 최소 매출 500억 원에 손익분기점에도 도달하지 못한다면 매각이나 청산을 한다는 퇴출 기준도 사전적으로 설정해야 한다.

퇴출 기준이 없다면 신사업이 실패로 돌아갔음에도 이를 인정하지 않고 '밑 빠진 독에 물 붓기' 식으로 기존 사업에서 자원을 빼서 신사업을 무한정 지원할 위험이 커진다. 이로 인해 동반 부실화로 전사 혹은 그룹이 무너지는 비극으로 이어질 수 있다. 1990년대에 신사업을 적극 추진하다가 무너진 진로나 해태가 이에 해당한다고 할 수 있다. 모기업인 진로소주나 해태제과는 매우 안정적이고 탄탄한 사업체였다. 하지만 업의 개념이 달라서 관련성이 별로 없었던 유통, 건설이나 전자 사업에 신규로 진출하였다가 실패했다. 문제는 신사업의 실패를 인정하지 않고 무한정 지원하다가 모기업까지 부도가 난 것이다.

이는 심리학에서 이미 잘 정립된 인간의 기본 심리 현상인 몰입 상승 효과escalation of commitment에 기인한 것이다. 인간은 자신이 심혈을 기울여서 많은 시간과 비용을 투입한 일이 실패로 돌아가면 이를 쉽게 인정하지 못한다. 오히려 실패를 인정하기는커녕 자기 최면을 걸면서 더 많은 시간과 비용을 실패한 일에 투입하여 화를 키운다. 경제학이나 경영전략에서는 기업이 이미 투자한 비용을 매몰 비용sunk cost으로 간주하고, 매몰 비용은 미래의 투자 의사결정에 영향을 미쳐서는 안 된다고 주장해 왔다. 하지만 경영자도 인간인지라 먼저 투자한 비용과 시간이 아까워서 몰입 상승 효과에 매몰되기 마련이다. 따라서 이를 막기 위해서는 신사업 진출 시 합리적인 수준에서 생존을 위한 최소 기준인 퇴출 기준을 명확히 정해야 할 것이다.

M&A에 성공하려면[3]

21세기에 들어와서 비유기적 성장 전략의 대안으로 점점 더 많이 사용되고 있는 형태가 인수합병M&A이다. 글로벌 초경쟁 상황에서 M&A는 가장 신속하게 역량이나 사업 기반을 확보하는 수단이기 때문이다. M&A는 동종 산업에서 경쟁자를 인수함으로써 점유율이나 지배력을 높이기 위한 수단으로 많이 활용되고 있지만, 신규 사업 진출 수단으로도 적극적으로 활용되고 있다. SK텔레콤이 자금난에 시달리던 하이닉스를 인수하여 SK그룹 차원에서 반도체 산업에 신규

3 이 절의 내용 일부는 다음 책을 기반으로 작성했다. 송재용, 스마트 경영(21세기북스, 2011).

진입한 것이 그 좋은 예이다. M&A도 실패하는 경우가 많다. M&A를 성공하려면 무엇보다도 적정 가격으로 인수하고, PMIpost-merger integration라고 흔히 불리는 인수합병 후의 문화적·화학적 통합 작업을 잘 진행하는 것이 중요하다.

적정 가격으로 인수하라

M&A에 성공하기 위해서는 무엇보다도 기업의 본질적 가치와 인수합병 시의 시너지를 철저히 계산하여 적정 수준의 경영권 프리미엄과 가격으로 인수하는 것이 중요하다. M&A가 정당화되려면 지급한 경영권 인수 프리미엄이 M&A 이후의 효율성 증대 및 원가 절감, 매출 증대 등을 종합한 시너지 창출분보다 작아야만 한다. M&A를 통한 시너지는 다음과 같이 다양한 형태로 나타나게 된다.

먼저 원가 절감형 시너지를 들 수 있다. 이는 중복되는 점포와 인력의 축소, 부품·소재 등의 공동구매를 통한 원가 절감, 인사·총무·기획·교육 등 경영 측면의 공유 서비스의 공동 수행, 설비 공유 등을 통한 규모의 경제, 인수 기업이나 피인수 기업의 보다 우월한 경영 기법 이전 등을 통한 효율성 증대, 인수 기업이나 피인수 기업 일방의 우월한 신용등급을 활용한 자금 조달 조건의 개선 등 다양한 형태로 나타난다.

매출 증대형 시너지도 매우 중요하다. 가장 흔한 매출 증대형 시너지의 유형은 교차판매cross selling를 통해 이루어진다. 예를 들어 세계 최대의 소매은행인 시티은행Citibank과 투자금융, 증권, 보험업을 영위하던 트래블러스Travelers 그룹이 합병하여 종합금융업체로서 시티그룹Citi Group이 탄생했다. 그 후 시티그룹은 트래블러스 그룹의 보험, 증권 상품 등을 시티은행의 강력한 소매금융 유통망과 기존 고객층을 통해 판매하였다. 또한 트래블러스 그룹의 고객들에게는 시티뱅크 구좌 개설을 유도하는 형태로 교차판매를 통한 매출 증대를 도모하였다.

두산인프라코어(현 HD현대인프라코어)가 잉거솔랜드Ingersoll Rand의 밥캣Bob Cat 사업 부문을 인수한 주요 이유도 교차판매를 통한 매출 증대를 도모하기 위해서였다. 밥캣은 소형 건설기계 세계 1등 업체로서 미주와 유럽에서 강력한 유통망을 확보하고 있었다. 하지만 중대형 건설기계와 아시아 시장에 취약점을 지니고 있었다. 반면 두산인프라코어는 굴삭기 등 중대형 건설기계를 주력으로 하고 한국은 물론 중국에서도 굴삭기 시장 1등을 차지하는 등 강력한 아시아 유통망을 구축하고 있었다. 하지만 소형 건설기계와 미주 및 유럽 시장에서는 약점을 가지고 있었다. 따라서 두산인프라코어가 밥캣을 인수함으로써 소형 건설기계 시장에도 본격 진출할 수 있었다. 또한 밥캣의 미주 및 유럽 유통망에서 두산인프라코어의 중대형 건설기계를, 두산의 아시아 유통망에서 밥캣의 소형 건설기계를 교차판매하게 되면 두산과 밥캣 모두 매출 증대를 도모할 수 있다는 점에도 주목하였던 것이다.

M&A로 인해 오히려 모기업이 어려움을 겪는 소위 '승자의 저주winner's curse'에 빠져든 상당수 기업들은 특정 기업 인수에 대한 열망에 사로잡힌 나머지 피인수 기업과 인수 기업 간의 시너지를 과대평가하여 과도하게 높은 인수 프리미엄을 정당화하는 경향을 보인다.

시너지, 특히 매출 증대 형태의 시너지는 생각한 것만큼 실현되지 않거나 오랜 기간이 지난 후 실현되는 경우가 많으므로 가능하면 보수적으로 계산해야 한다. 특히 국내에 비해 정보가 부족한 해외 M&A의 경우에는 바가지를 쓸 가능성이 더욱 높으므로 철저한 사전 준비와 실사 작업이 필요하다.

인수합병 후 PMI를 잘해야 한다

인수합병 후 문화적·화학적 통합 과정PMI 역시 M&A의 성패를 좌우한다. 좋은 기업을 적정 가격으로 인수한다고 해도 통합 과정에서 피인수 기업의 핵심 임직원들이 반발하거나 이탈하게 되면 M&A는 결국 실패로 귀결될 가능성이 높다. 특히 외국 기업을 인수하는 해외 M&A에서 보다 세밀한 통합 작업이 요구되는데, 조직문화의 통합은 물론이고 인종적·국가적·문화적 측면에서도 화합과 통합이 필요하기 때문이다.

일반론적으로는 빠른 통합이 좋다. 하지만 한국 기업이 선진국 기업을 인수할 때는 피인수 기업의 임직원들이 국가적·문화적·인종적 우월감에 빠져 한국 기업에 거부감을 가지는 경우가 일반적이다. 또한 선진국 기업을 인수할 때는 피인수 기업이 한국 기업보다 기술력 등의 역량이나 시장 지위가 우월한 경우도 많다. 그러므로 비록 한국 기업이 인수 기업이지만 한 수 배운다는 겸허한 자세로 피인수 기업의 임직원들을 존중하면서 일단 마음을 사는 방식으로 접근하는 보다 점진적이고 세심한 통합 전략과 방식이 바람직할 수 있다. 일단 피인수 기업의 임직원들과 신뢰를 구축하게 되면 그때부터는 통합을 더 빠르게 진행할 수 있을 것이다.

마지막으로 환경의 불확실성이 여전히 높고 인수합병 후의 통합 과정에 대한 자신이 없으면 일단 지분 출자나 전략적 제휴 형태로 시작하였다가 추후 M&A로 진전시키는 리얼 옵션 형태의 단계적 전략도 고려해 볼 필요가 있다. 2장에서 설명한 것처럼 월풀이 필립스의 생활가전 부문을 단계적으로 인수하여 성공적으로 유럽 시장에 진출한 사례가 그 좋은 예이다.

시너지 창출에 성공하려면[4]

시너지는 기업전략의 가장 핵심적인 개념이다. 기업전략은 복수의 사업을 보유한 기업 집단의 경영전략으로, 사업배치configuration 전략과 사업조정coordination 전략으로 구성된다. 첫째, 사업배치 전략은 지분 보유 및 출자, 합작투자 및 제휴 관계 형성 등의 방법을 통해서 어떤 사업에 기업의 자원을 투자해야 하는지를 결정하기에 기업의 사업 범위를 재구성하기 위한 전략이다. 둘째, 사업조정 전략은 사업배치 전략을 통해 구축된 기존의 제품 내지 사업 포트폴리오하에서 관련된 사업 간의 관계 조정을 통해 시너지를 창출하기 위한 전략이다.

4 이 절의 내용 일부는 다음 책을 기반으로 작성했다. 송재용, 스마트 경영(21세기북스, 2011).

시너지의 개념과 유형

시너지는 '함께 일한다'는 뜻의 그리스어 'synergos'에서 유래되었다. 경영전략의 초기 사상가 중 한 명인 앤소프Ansoff는 시너지를 결합된 기업 자원의 합이 개별 기업 자원의 합보다 클 때 나타나는 효과라고 정의하였다. 이러한 정의에 따라 앤소프는 만약 기업의 제품 및 시장이 관련성이 전혀 없다면 매출, 비용, 수익과 같은 기업 활동의 결과물은 개별적 제품 및 시장에서 나오는 산출물의 단순 합이 될 것이지만, 만약 기업의 제품 및 시장이 관련성이 있다면 결합 효과로 인한 시너지가 발생할 것이라고 보았다. 즉 시너지는 개별 사업부의 가치를 합한 것보다 결합된 기업의 가치가 더 클 때 나타나는 효과로 정의 내릴 수 있다.

모든 기업 활동이 그러하듯이 시너지 창출도 매출 증대 내지 원가 절감을 궁극적인 목표로 한다. 기존의 연구를 기반으로 시너지의 창출 원천을 정리해 보면 크게 범위의 경제economics of scope, 시장 지배력, 내부화의 이점, 자원의 재조합, 지식 공유를 통한 시너지로 분류될 수 있다.

첫째, 범위의 경제는 효율성의 관점에서 기업들이 사업부 간에 유형 및 무형 자원을 공유하여 원가를 절감하는 측면에 초점을 두고 있다. 자원의 공유를 통해서 다양한 사업을 영위하는 기업그룹 혹은 복수의 사업부를 보유한 복합형 기업은 특정 제품에 있어서 단위당 생산 단가를 낮출 수 있기 때문이다. 예를 들어 복합형 기업이 인사, 총무, 기획 등 경영관리 서비스를 여러 사업 간에 공유한다면 이를 통한 원가 절감을 도모할 수 있다. 또한 혼류생산 방식의 도입을 통해서 한 공정에서 복수의 제품을 만들어 낼 수 있다면 별도의 생산라인을 만드는 비용을 절감함으로써 상당한 원가 절감을 기할 수 있다.

둘째, 기업그룹 내지 복합형 기업은 관련 사업들 간의 전략을 통합하고 조율하여 시장 지배력을 강화함으로써 매출 증대나 원가 절감 측면의 시너지를 창출한다. 기업의 시장 지배력은 소비자들에게 높은 가격을 행사할 수 있는 공급 독점과 공급자에게 낮은 가격을 요구할 수 있는 수요 독점으로 구성되어 있다. 예를 들어 LG전자의 경우 각 사업 부문에 공통으로 소요되는 콘덴서 등 기본적인 부품의 조달 창구를 단일화함으로써 구매의 규모를 늘리고 이를 통해서 협상력을 강화하여 구매 단가를 낮추고 있다. 또한 금융지주회사들이 흔히 하듯이 은행, 증권, 보험 등 관련 사업의 유통망을 활용한 교차판매도 광의의 의미에서 시장 지배력 강화를 통한 매출 증대의 범주에 포함시킬 수 있다.

셋째, 내부화의 이점은 기업그룹 내지 복합형 기업의 내부에서 시장 거래 시보다 더 효율적인 거래 환경을 창출해 냄으로써 전업형 경쟁사보다 더 좋은 성과를 얻을 때 발생하는 이점이다. 수직적 계열화를 통한 내부거래가 대표적인 형태이다. 복합형 기업은 수직적 계열화를 통해 수급의 안정을 확보하고 그렇지 못한 경쟁사에 비해 매출 기회를 확대할 수 있다. 또한 기업그룹 내부의 공통의 언어와 문화, 통제와 조정 메커니즘을 기반으로 외부 업체와 거래할 때에 비해 거래 비용(예를 들어, 모니터링 비용, 협상 비용, 실행 비용)을 절감할 수 있다.

다만 수직적 계열화가 품질 및 가격과는 무관하게 계열사 간의 무조건적인 구매로 이어진다면 오히려 비용이 커질 수도 있음을 주의해야 한다. 이 경우 품질 향상과 가격 인하의 노력을 게을리하고 모기업에 대한 의존성만 심화되어 계열사라는 이유만으로 안 좋은 품질의 부품이나 소재, 제품을 비싸게 사 주어야 하기 때문이다.

넷째, 각 사업 부문이 가지고 있는 자원의 재조합을 통해서 기업그룹 내지 복합형 기업은 시너지를 창출할 수 있다. 기업그룹 차원에서 공동으로 신사업을 창출하는 것이 그 대표적인 형태이다. 예를 들어 SK그룹에서는 계열사인 E&S와 건설이 각자의 사업에서 확보한 역량을 결집하여 LNG 기반의 복합발전 사업에 성공적으로 진입할 수 있었다.

다섯째, 지식 공유는 기업그룹 내지 복합형 기업 내 특정 사업 부문에서 창출한 가치 있는 지식이나 베스트 프랙티스best practice를 타 사업 부문으로 이전시킴으로써 기업 전체의 지식 경쟁력을 강화하는 측면을 말한다. 이를 통해 궁극적으로 매출 증대나 원가 절감을 도모한다는 측면에서 중요한 시너지의 원천이라고 볼 수 있다. 특히 최근에는 기업그룹 내 내부거래에 대한 공정거래법상의 규제가 강화되는 추세여서 지식 공유가 기업 집단의 시너지 창출을 위한 보다 중요한 원천이 되고 있다.

시너지 경영의 성공 요건

이와 같이 기업그룹 내지 복합형 기업이 실행하는 시너지 경영의 성공 및 실패 사례들을 분석해 보면 다음과 같은 시너지 경영의 성공 요건을 찾아낼 수 있다.

첫째, 기업그룹 내지 복합형 기업에서 시너지가 무조건 창출된다는 믿음을 버려야 한다. 시너지는 생각만큼 창출하기가 쉽지 않고, 다각화된 사업구조가 마이너스의 역시너지로 연결되는 경우도 많다. 따라서 시너지 경영을 추구할 때는 치밀한 계획을 수립하여 성공 가능성을 높여야 한다.

둘째, 개별 자회사나 사업부의 경쟁적 지위 및 핵심역량을 제고하는 것이 시너지 창출을 위한 선결 과제이다. 강한 자회사·사업부의 결합만이 고객이 원하는 최고의 상품과 서비스로 이어져 진정한 시너지 창출로 연결된다. 강한 자회사·사업부가 일방적으로 약한 자회사·사업부를 지원하는 형태로 시너지 창출을 도모하게 된다면 오히려 강한 자회사·사업부의 경쟁력과 이미지를 훼손시켜 역시너지가 창출될 확률이 높아진다는 점을 명심해야 한다.

셋째, 자회사와 사업부가 자발적으로 시너지 창출 기회를 발견하여 스스로 협력할 때 시너지가 창출될 확률이 높아진다. 따라서 본사 차원에서는 시너지 창출 노력을 무조건 강제하기보다는 자회사와 사업부 상호간의 공식, 비공식적인 정보 공유, 인적 교류 및 네트워킹, 공동 사업의 기회를 모색하는 장을 다양하게 마련할 필요가 있다. 이러한 과정에서 전사 차원에서 공통의 경영 이념, 전략적 비전, 기업 문화, 브랜드를 구축해야 한다.

넷째, 자발적 협력이 어렵거나 신속한 시장 선점이 필요한 경우에는 본사의 리더십하에 전사적 차원에서 조정하고 추진하는 노력이 필요할 수 있다. 이때 본사에서는 사업 부문 간 협력을 촉진하는 방향으로 조직구조를 재편해야 한다. 또한 자회사와 사업부의 평가 및 보상에 전사적 차원의 시너지 창출 노력에 대한 공헌을 일정 부분 반영해야 한다.

다섯째, 자회사와 사업부 간에 공유되는 베스트 프랙티스 및 핵심 자산, 역량, 정보는 지식 기반 경제에서 요구되는 장기적이고 지속적인 시너지 창출에 효과적이다. 따라서 기업그룹 내지 복합형 기업의 최고경영자는 베스트 프랙티스를 전사에 확산시키기 위한 전도사 역할을 수행해야 한다.

기업그룹이나 복합형 기업이 시너지를 창출하는 것은 쉬운 과제가 아니다. 하지만 일단 시너지를 창출하면 전업형 기업에 대비한 주요 경쟁우위의 원천이 될 수 있다. 따라서 본사는 기본적으로는 자회사와 사업부의 경영상 자율성을 인정해 주고 재무적 성과에 대한 통제 위주로 운영하여야 하지만, 다른 한편으로는 전사 차원에서 공통의 이익이 될 수 있는 분야에서 시너지를 창출하는 노력도 전개할 필요가 있다. 예를 들어 전사 차원에서 꼭 필요하고 여러 자회사와 사업부를 아우르는 사업 기회가 있다면, 각 자회사와 사업부를 설득하면서 적극 개입하여 그들이 공동으로 신사업에 진출하도록 유도해야 한다.

저자 소개

송재용 교수는 경영전략·국제경영 전공으로 서울대학교 경영학과에서 학사와 석사를 취득한 후 펜실베이니아대학교 와튼 스쿨(Wharton School)에서 박사학위를 받았다. 미국 컬럼비아대학교와 연세대학교 교수로 재직했으며, 서울대 석좌교수로 임명되었다. 전미경영학회(Academy of Management)의 국제경영분과 회장을 역임했다. 서울대 경영대 부학장, 경영연구소장, 한국경영학회 부회장, 한국전략경영학회 회장, 한국국제경영학회 부회장, 서울대 AMP 주임교수를 지냈다. 국제경영학회(Academy of International Business)의 석학종신회원(fellow)과 한국과학기술한림원 정회원(fellow)으로 선출되었다. FT 톱 저널인 《Journal of International Business Studies(JIBS)》의 에디터를 맡았다.

한국경영학회 SERI중견경영학자상, 매일경제 정진기언론문화상, 서울대 연구상, 서울대 교육상, 연세대 우수업적교수상, 미국경영학회 및 유럽국제경영학회 최우수박사논문상, 컬럼비아대 국제경영강의혁신상, 한국경영학회 최우수논문상, 서울대 경영대 최우수강의상 등을 수상했으며, 매일경제 선정 '한국의 경영구루 10인'에 포함되었다. 《Management Science》, 《Strategic Management Journal》, 《Organization Science》, 《JIBS》, 《Research Policy》, 《California Management Review》, 《Journal of Management》, 《Journal of Economics & Management Strategy》 등 해외 톱 저널에 논문을 다수 게재했고, 한국 대학 교수 최초로 《Harvard Business Review》에 논문을 게재했다. 2019년 JIBS 50주년 기념행사에서 《JIBS》에 7편의 논문을 게재한 성과를 인정받아 실버메달(Silver Medal)을 받았다. 또한 저서인 『스마트 경영』과 『퍼펙트 체인지』(2023년 개정증보판 『패러다임 대전환』)는 각각 SERI-CEO와 KT경영연구소 추천도서로 선정되며 베스트셀러가 되었고, 『삼성 웨이』도 베스트셀러로 세계적 출판사 맥그로힐(McGraw Hill) 등을 통해 주요 언어로 번역 출간되었다.

송 교수는 GE 전 임원을 대상으로 'Global Leadership Meeting 2014'에서 기조강연을 하였으며 사빅(SABIC) 경영진 회의 및 스탠다드차타드 은행(Standard chartered Bank), 토탈(TOTAL), 아레이몬드(ARaymond) 등 글로벌 기업을 대상으로 특강을 해왔다. 또한 삼성전자, 현대기아차, SK, SK디스커버리, SK하이닉스, 롯데제과, 롯데카드, 포스코, 대한항공, CJ제일제당, 아모레퍼시픽, 유한양행, 농심, 미래에셋증권, 삼정KPMG, 한솔제지, 한미글로벌 등 주요 기업에서 자문교수나 사외이사로 활동해 왔다.